Guillaume Bailly

Mes sincères condoléances

Les plus belles perles d'enterrements

Opportunéditions

Mes sincères condoléances

Direction éditoriale : Stéphane Chabenat
Éditrice : Clotilde Alaguillaume
Conception graphique et mise en pages : Soft Office
Conception graphique de la couverture : Thomas Hamel / 'Olo
Illustrations : Vecteezy.com

Les Éditions de l'Opportun
16, rue Dupetit-Thouars
75003 Paris
www.editionsopportun.com

Le métier de croque-mort n'a aucun avenir.
Les clients ne sont pas fidèles.
Léon-Paul Fargue

Un immense merci !

Le succès de *Mes sincères condoléances* a été une surprise, une heureuse surprise, mais une surprise tout de même. Parce qu'il s'agit d'un authentique livre de rabat-joie.

Songez : vous avez peut-être lu des livres d'histoire, vous révélant la richesse de la civilisation et la complexité des interactions qui nous ont menés jusqu'ici, des guides de voyage vous dévoilant l'immensité et les merveilles du monde. Peut-être aimez-vous les romans d'amour où les héros vivent une rencontre aussi improbable que merveilleuse, emplissant leur maison de beaux enfants, ou, en cas de rupture, leur mémoire de jolis souvenirs, les romans policiers où un flic taciturne coffre le coupable et retrouve une raison de croire à la vie, et bien d'autres encore.

Et donc, *Mes sincères condoléances*, un livre qui vous explique ce qu'on fera de votre corps quand la vie aura sifflé la fin de la récré, quand vous ne pourrez plus lire d'autres livres. Ou vaquer à vos occupations, travailler, vous reposer, aimer, rire, pleurer…

Mes sincères condoléances aurait très bien pu, d'ailleurs, ne pas voir le jour. Stéphane Chabenat, éditeur et directeur des Éditions de l'Opportun, appela un jour Éric Fauveau, patron de Funéraire Info, pour s'enquérir de la littérature funéraire. Le sujet intéressait Stéphane, qui caressait le projet de publier un jour un livre dans ce registre. Au moment de raccrocher, Stéphane dit quelque chose comme : « Si un jour vous rencontrez quelqu'un qui a un projet de livre… » et Éric, qui attendait l'occasion de

me placer dans la conversation, répondit : « Marrant que vous me parliez de ça, parce que justement, j'ai dans mon équipe… » Oui, un livre, c'est comme la vie : ça tient parfois à peu de choses. Merci Stéphane d'avoir posé la question, et merci Éric d'y avoir répondu.
On m'a souvent dit : « Tu devais être drôlement heureux quand tout le monde s'est mis à parler de ton livre. » En réalité, non, pour la simple et bonne raison que j'ai passé ces semaines dans un état de stupeur hébétée. On vous reconnaît dans la rue. De cela, j'avais un petit peu l'habitude, mais ce n'était plus : « Tiens, c'est le monsieur qui a enterré tata Lucette », mais plutôt « Mais, ce n'est pas vous qui avez écrit le livre sur les pompes funèbres ? » La première fois – ça ne s'invente pas – que j'ai été reconnu en tant qu'écrivain, c'était dans un cimetière.
Si j'appréhendais un peu la réaction des collègues, j'ai vite été rassuré : non seulement, beaucoup se sont reconnus dans les histoires, mais la façon positive dont on a parlé du livre, et, à travers lui, de la profession, leur a fait, je pense, plaisir. Je leur dois aussi, surtout, d'ailleurs, des remerciements, tout particulièrement à celles et ceux qui m'ont raconté leurs histoires.
Peut-être, cela aura-t-il moins fait plaisir à certains : là, je dois m'excuser. Pardon, vraiment, pardon, à Zazie, Pascal Obispo, Pierre Jaconelli et Johnny Hallyday, parce que leur chanson, héroïne involontaire d'une anecdote, a retenu l'attention d'à peu près toutes les personnes qui m'ont parlé du livre. Mais *Allumer le feu* est, et restera, une excellente chanson, y compris pour les vivants.
L'essentiel, avant qu'un éditeur furibard ne vienne me rappeler qu'une préface n'est pas censée être plus longue que le livre qu'elle introduit, est de vous dire merci. Merci à tous ceux qui se sont retrouvés avec mon livre entre les mains et qui ont consacré du temps à le lire. On pourra gloser, poser, prétendre, je reste fermement persuadé que toute personne qui commence

à coucher des mots sur du papier le fait dans l'espoir d'être lue. Et vous avez réalisé ce rêve au-delà de mes espoirs les plus fous.
À vous, donc, lectrices, lecteurs, un immense merci.
À présent, place à l'édition collector. Je la trouve belle comme un bouquet de chrysanthèmes sous la pluie.

Avant-propos

On me demande souvent à quoi s'attendre lorsqu'on rentre dans le métier. Si cela n'est pas une anecdote à proprement parler, tous les éléments mis en scène sont du domaine du vécu, exception faite des homicides, juste fantasmés…

Ça y est! Fraîchement muni de votre certification Assistant funéraire, vous avez décroché le Graal, le sésame, le rêve de tout jeune diplômé sur le marché du travail : un CDI dans une entreprise de pompes funèbres. On est vendredi soir. Épuisé par votre première semaine, vous vous rendez à une soirée chez des amis…

Premier conseil : si vous voulez fuir les problèmes, taisez-vous! Parce que, dès lors que vous aurez dévoilé votre profession, vous allez vous faire coller par tout un tas de parasites qui n'auront qu'une idée en tête : passer une bonne soirée, au détriment de la vôtre.

Mais vous avez craqué. Avec deux verres de whisky hors d'âge à l'apéritif, vos défenses sont tombées, et la profession que vous vous étiez inventée, astrophysicien, n'a pas tenu face à votre voisin, agrégé de maths, qui tenait absolument à discuter avec vous des applications de la théorie quantique sur les variations orbitales saisonnières des satellites de Jupiter. Vous l'avez confessé, vous avez menti, vous êtes croque-mort. Première erreur : vos interlocuteurs pensent alors que, soit vous n'assumez pas votre métier, soit vous faites des choses trop horribles pour en parler.

Préparez-vous moralement : il y aura toujours quelqu'un – et généralement, c'est une femme – qui va littéralement hurler « Un croque-mort ? Pour de vrai ? Comme dans *Six Feet Under* ? Il est trop beau, Peter Krause ! » Voilà votre emploi du temps pour l'heure qui suit fixé : écouter patiemment le résumé de tous ses épisodes préférés, une longue litanie de lieux communs totalement aberrants sur la profession, et devoir expliquer, de temps en temps que non, on ne fait pas ça, ou on ne le fait pas comme ça. Si vous n'avez pas vu *Six Feet Under*, ou pire, si vous n'aimez pas *Six Feet Under*, vous aurez l'impression de passer devant le tribunal de l'Inquisition. Un croque-mort qui n'aime pas *Six Feet Under* verra ses compétences mises en doute par le fan de la série, qui ne songera pas que, finalement, ce n'est qu'un vulgaire feuilleton plus ou moins bien documenté. Lors d'une pause cigarette à l'extérieur – la maîtresse de maison est stricte sur ce point –, vous vous êtes débarrassé de la fan de *Six Feet Under*. Vous verrez plus tard ce que vous ferez du corps. Mais vous n'êtes pas sorti d'affaire pour autant. Il y en a bien un qui va se lancer. Ça y est, il se lance : « Mais tu dois avoir plein d'histoires à raconter ? » Oui, plein, et ça fait seulement une semaine que vous travaillez. Pendant que vous réfléchissez, la maîtresse de maison a apporté un rôti qui a l'air succulent, son époux, une platée de galettes de pommes de terre maison, et, durant le service on vous questionne : « Comment ça se passe, l'embaumement ? »
Vous êtes lancé. Vous commencez par plaisanter sur le fait que, pour se faire embaumer, il faudrait une machine à remonter dans le temps, ce qui n'est pas tout à fait exact, mais le vin était bon et vous vous sentez d'humeur à jouer sur les mots. Puis vous vous lancez sur le détail des soins de thanatopraxie. Tout en découpant votre viande, vraiment délicieuse, parfaitement cuite et fondante, vous expliquez comment le thanatopracteur introduit son fluide par l'artère ; en saucant, vous mimez l'utilisation du trocart ; puis en achevant vos patates, qui manquent

peut-être un peu de sel, vous dissertez sur les mérites de la ligature de bouche par rapport à la colle.

Lorsque vous avez fini votre assiette, vous glissez un œil pour voir s'il reste du rôti. Non seulement il en reste beaucoup, mais vous vous apercevez, un peu médusé, que les autres convives n'ont même pas touché à leur assiette. Ils ne savent pas ce qui est bon : trop de malbouffe, sans doute.

Pour le dessert, exilé en bout de table, vous discutez avec le seul voisin qui accepte encore de vous adresser la parole, un étudiant en psychologie qui revient juste d'une retraite dans le temple d'un ordre religieux dont vous n'avez pas retenu le nom. Vous aurez alors droit à la récitation complète de son cours sur le deuil, ou il vous expliquera en long, en large et en travers, comment faire votre métier. Arrivé au café, il vous questionnera sur les manifestations surnaturelles qui doivent être votre lot quotidien. Lorsque vous lui expliquerez : « Non, rien de tout ça », ce sera comme si vous aviez confessé avoir connu bibliquement sa grand-mère : « Rien ? C'est normal : je t'ai senti d'emblée fermé à tout ce qui est paranormal. Celui qui ne cherche pas à voir ne voit pas. Quel esprit obtus tu fais ! »

Une nouvelle pause cigarette dans le jardin s'impose.

Vous prenez congé, avec la vague impression que vous ne serez pas réinvité de sitôt. Dommage, la nourriture était succulente, mais quelle bande de raseurs. La prochaine fois, il faudra vous inventer une profession un peu plus rasoir. Mais quoi ? Même caissier au supermarché, ça ne fonctionne plus, il y en a qui écrivent des best-sellers là-dessus. Tiens, libraire, ça, c'est bien : vu l'engouement actuel pour la lecture, on vous fichera la paix. Ou alors, plus agressif, vous expliquerez que vous ne parlez jamais de boulot en dehors des heures de travail ou il faut payer pour ça. Reste à vous débarrasser des corps de la fan de *Six Feet Under* et du psychologue raëlien : quand on est croque-mort, c'est sept jours sur sept, vingt-quatre heures sur vingt-quatre.

Le saviez-vous ?

Croque-mort

Selon la culture populaire, comme vous le savez, le nom *croque-mort* viendrait du fait que les employés des pompes funèbres, afin de vérifier que leur client était bien mort, leur mordaient violemment l'orteil. L'absence de réaction faisant office de preuve du trépas.

En vérité, *croque-mort* vient de tout autre chose. Au XIVe siècle, l'Europe fut ravagée par une épidémie de peste. Les cadavres de ceux qui avaient péri étaient jetés dans la rue. Les municipalités réagirent alors et recrutèrent des mendiants (ou des prisonniers, l'histoire reste floue), et, en échange de quelques pièces (ou de leur grâce), leur confièrent la mission de ramasser ces corps afin de les conduire aux fosses communes.

Pour ce faire, afin de se protéger de la contagion, ceux-ci utilisaient de longs bâtons, munis de crochets de bouchers. On dit qu'ils *croquaient* les morts. Le temps et les évolutions syntaxiques firent leur œuvre.

Bien installée

Le directeur des pompes funèbres avait immédiatement repéré la dame : parmi la famille de la défunte dont le corps venait d'arriver, elle se distinguait par sa voix haute et son ton critique permanent. Le café offert par la maison funéraire n'était pas bon, le fils de la défunte, son frère, était venu en jean, ce n'était pas correct, le salon était mal indiqué, trop sombre. En un mot, rien n'allait et personne n'y échappait.
Lorsque le croque-mort la vit se diriger vers lui, il sut que son tour était venu.
— Maman est trop basse, gronda-t-elle.
Sa mère reposait sur un lit-table réfrigéré, la tête rehaussée par un oreiller, comme le lui montra le croque-mort. La dame voulait qu'on la rehaussât ? Fort bien. Il fit sortir la famille, souleva la tête, plaça un second oreiller, puis fit entrer à nouveau les proches.
— C'est encore trop bas, geignit la mécontente.
Le croque-mort fit à nouveau sortir la famille, ajouta sous la tête un cale-nuque, fit entrer à nouveau…
— C'est encore trop bas.
De nouveau, la famille sortit. Il ajouta, en désespoir de cause, une bouteille de formol vide, appela la famille…
— Là, par contre, c'est beaucoup trop haut !
Ce croque-mort-là était patient. Il sourit à la dame.
— Je vois. Je crois que j'ai compris exactement ce que vous vouliez, Madame.

— Vraiment ? demanda-t-elle.
— Vraiment. Laissez-moi une seconde, j'arrange ça.
La famille sortit, entra, et là :
— Ah, enfin ! triompha la râleuse.
— Ça vous convient, Madame ? Venez voir par ici, s'il vous plaît. Vous voyez… là ?
— Oui, je vois bien, elle a un oreiller sous la tête. Et ?
— Et alors, Madame, je l'ai remise exactement comme elle était au début. Vous voyez ? J'ai compris ce que vous vouliez.
On n'entendit plus la dame jusqu'à la fin des obsèques.

Câlin

La présente m'a été racontée par un entrepreneur de pompes funèbres au salon Funexpo, à Lyon, en 2014. Qu'il en soit remercié.

Après quelques années dans la police, le croque-mort avait décidé de se lancer dans les pompes funèbres, milieu où il avait de la famille. Une fois ses diplômes passés, il avait ainsi acheté une société dans le sud de la France.

Rapidement, il s'était aperçu que les familles, dans le secteur, étaient très tactiles. Les hommes posaient une main sur son épaule quand ils serraient l'autre, les femmes faisaient la bise comme si elles vous connaissaient depuis vingt ans lors de la première rencontre, et tout ce petit monde agrippait constamment la main ou le bras qui passait à leur portée. C'était la Cité de la Papouille, et le croque-mort, qui appréciait ses concitoyens autant que le climat clément, se fit une raison.

Un jour, une famille se présenta pour le décès du grand-père. L'affaire fut conclue rapidement, et le jour du convoi vint. Le croque-mort se tenait dans le salon, aux côtés de la famille, pour la mise en bière. Ses porteurs s'affairaient autour du défunt, l'instant était solennel.

Soudain, le petit-fils du défunt lui tapota doucement l'épaule. Le croque-mort se pencha discrètement vers lui pour savoir ce dont il s'agissait. Mais l'autre resta mutique. Un brin intrigué, le croque-mort se redressa et fit signe aux porteurs, qui avaient remarqué le manège et s'étaient interrompus, de continuer.

Une deuxième fois, le petit-fils lui tapota l'épaule. Une deuxième fois, il se pencha, et une deuxième fois, il n'entendit que le silence. À nouveau, il se redressa, et fit signe à ses porteurs de continuer, tout en leur lançant un regard sévère. Ils avaient, en effet, la mine réjouie de ceux qui sont en train d'assister à une bonne blague.
Le petit-fils persista et tapota une troisième fois l'épaule du croque-mort. Celui-ci commençait furieusement à se demander ce qu'on lui voulait, lorsque, soudain, la lumière se fit : « Bon, sang, mais c'est bien sûr ! Il veut un câlin ! » Il se tourna alors vers le petit-fils et le prit dans ses bras. Au bout d'un court moment, il lui apparut que, peut-être, il avait commis une erreur. Impression vite confirmée par l'intéressé lui-même, qui protesta à haute voix :
— Mais, ce n'était pas ce que je voulais.
Le croque-mort dut conduire tout le convoi le visage rouge de confusion, supporter les regards ironiques des porteurs, mais son calvaire ne s'arrêta pas là. Le petit-fils était en effet pompier volontaire, et maintes fois, lors d'interventions sur des décès divers et variés, ils furent amenés à se revoir. Chaque fois, un simple « Bonjour » un peu gêné fut échangé, et rien de plus.

L'histoire s'arrête là. Vous vous demanderez peut-être, à juste titre, ce que pouvait bien lui vouloir le petit-fils. J'ai moi-même posé la question au croque-mort. Sa réponse est claire : « Pour finir, j'étais tellement gêné que je n'ai jamais osé lui demander. »

Bretagne toujours

L'église était bondée.
Je connaissais la plupart de ces gens. Pas personnellement, mais de vue, de nom, de réputation. Par des publications, sur des sites internet. Ainsi, je savais qui ils étaient et, plus important, ce qu'ils faisaient, ce pour quoi ils se levaient le matin.
Leur foi, leur cause, leur combat.
Celui que l'on enterrait était l'un des plus importants de ce groupe. Un leader, un érudit. Une référence, une idole pour certains. Un de ceux qui n'avaient jamais douté, jamais baissé les bras, jamais déposé les armes, qui écrivaient la théorie et la vivaient en pratique, quel qu'en fût le coût.
Et nous, nous étions là, à porter les nombreuses fleurs à l'autel, à tout bien préparer pour que tout fût parfait.
Nous venions de placer les tréteaux, avec le maître de cérémonie, ceux sur lesquels on poserait le cercueil. Nous avions vérifié le placement des fleurs, validé avec la famille celles qui seraient disposées sur la bière, celles qui seraient autour. Il ne nous restait plus qu'à remonter la nef pour entrer avec le défunt.
Je balayai discrètement l'assemblée d'un regard. Les gens discutaient entre eux, mais je savais que le silence se ferait au fur et à mesure que nous passerions, dans l'expectative de voir entrer le cercueil.
C'est là que l'incident arriva. Il en faut peu pour planter un convoi. Une phrase suffit.

Le maître de cérémonie avait lui aussi sans doute besoin de se rassurer. Ce genre de cérémonies est important pour l'image d'une société de pompes funèbres. Il arrivait tout juste de Paris où il avait un peu exercé. Des obsèques à Notre-Dame, des obsèques juives, bouddhistes et d'une dizaine d'autres religions, dont certaines hautement improbables, le tout dans les quartiers chics de la capitale. Monsieur était rompu au haut de gamme, mais cette clientèle de basse Bretagne était pour lui toute nouvelle.

Il décida alors – on se demandera par quelle subite inspiration – de faire appliquer la méthode Coué à toute l'église. C'était autant, je pense, pour lui-même que pour soulager la douleur des proches du défunt. À haute et intelligible voix, qu'il avait puissante, il déclara, alors que nous étions au beau milieu de la nef :

— On va faire une belle cérémonie, comme à Paris.

Je stoppai net. Mon cœur avait manqué un battement. Je me sentis pâlir. Il n'a pas dit ça ? pensai-je. Si, il l'a dit. Peut-être suis-je le seul à avoir entendu ; mais c'était bien sûr un fol espoir, tant sa voix portait et que sa phrase avait été destinée à être entendue.

Lui ne s'était rendu compte de rien. Il remontait l'allée, sans remarquer les mille paires d'yeux d'autant d'ultra-nationalistes bretons qui le fixaient avec une haine farouche.

Entretien d'embauche

C'était une candidature spontanée, accompagnée d'une lettre de motivation enflammée. Hervé, le chef d'agence, avait décidé de rencontrer le candidat. Après tout, avoir un peu de main-d'œuvre en plus n'aurait pas été du luxe, et le candidat avait vraiment l'air motivé.

Une chose intriguait toutefois Hervé : à de très rares exceptions près, on entre dans les pompes funèbres par hasard. Aucun individu sain d'esprit ne se lève un matin en se disant : « Je veux être croque-mort. »

Mais Hervé était déterminé à connaître le fin mot de l'histoire.

La première partie de l'entretien se passa bien. Le parcours du candidat, qui avait bonne allure, et ses expériences semblaient indiquer qu'il était capable d'assurer un convoi funéraire. Mais il ne connaissait strictement rien au métier de thanatopracteur. Ce qui en soi n'est pas grave, mais posait d'autant plus la question de sa motivation.

Hervé prit le parti de s'en ouvrir au candidat, qui lui répondit impassible que sa motivation lui permettrait d'apprendre vite et bien. Bonne réponse. Hervé insista :

— Mais vous retrouver avec des morts, faire des toilettes, tout ça, pas de soucis ?

— Non, aucun, répondit le candidat. Vous faites la toilette des défunts ?

— Oui, bien sûr.

— Et ça se passe où ? demanda le candidat.

— Ça dépend. En général, dans un laboratoire.
— Une pièce fermée ?
— Oui, évidemment.
— Et on est seul avec le défunt à ce moment-là ?
— Oui, le plus souvent, on reste seul avec le corps, répondit Hervé.
Dans sa tête, une petite sonnette d'alarme s'était mise à vibrer.
— Et le corps, il est nu ? Entièrement ?
— … Oui…
— Et donc, il y a quelque chose, un petit panneau pour dire qu'il y a un mort et qu'on ne veut pas être dérangé ? On peut s'enfermer à clef?
On aurait dit que le visage du candidat subissait une subtile modification, passant d'un aspect serein et posé à une abjection douceâtre. Dans la tête d'Hervé, l'alarme sonnait de plus en plus fort, mais il ne l'écoutait pas, obnubilé par les images horribles qui le hantaient.
— Bon, merci d'être venu. On vous écrira.

Certificat de décès
ou Petit arrangement avec les morts

C'était vendredi soir, et le médecin habituel de la maison de retraite s'en allait en week-end. Il l'avait fait savoir : ce samedi et ce dimanche, il allait pêcher, et peu importe qu'il fût le seul praticien des environs, il n'allait pas se laisser distraire par quelques futilités. Aussi, l'infirmière en chef le contrariait vivement :

— Mais, Docteur, Mme Chombier est vraiment au plus mal.

— Écoutez, moi, je pars à la pêche, Mme Chombier attendra bien lundi pour mourir ! Plus sérieusement, je ferai la paperasse lundi, en rentrant.

— Mais, Docteur, vous savez bien que les pompes funèbres refuseront de se déplacer s'il n'y a pas de certificat de décès. C'est la loi !

— Oh ! la loi, la loi ! Tenez, voici ce qu'on va faire !

Le médecin avait sorti un certificat vierge, l'avait tamponné, signé et posé sur le bureau.

— Je n'ai pas mis le nom, ni rien : je sais qu'il y a des superstitieux ici. Alors, si Mme Chombier nous quitte, vous complétez ici, vous cochez ici, et ni vu ni connu. Ne le perdez pas, hein, parce qu'on risque de gros, gros problèmes. Allez, je file, bon week-end !

Note : le certificat de décès, ou « le bleu » – son surnom vous aidera à deviner sa couleur dominante –, est une fiche qui fait foi pour toutes les démarches postobsèques. Autrement dit, un document sensible, rempli uniquement par un médecin après que celui-ci a constaté le décès, en a relevé les causes à des fins statistiques pour la DDASS, et surtout, y a indiqué la présence ou non d'observations médico-légales.

Au supermarché

Après avoir tourné un long moment, l'homme trouva enfin une place sur le parking du supermarché, ferma sa voiture et se dirigea vers l'entrée du magasin. Les deux premiers emplacements étaient vides de chariots, mais il n'en avait pas besoin : cela lui indiquait juste que le supermarché serait bondé.
Cela ressemblait bien à sa femme : elle l'avait appelé au travail, juste avant qu'il ne parte.
— Tiens, je me demandais si ça te ferait plaisir, des crêpes, ce soir.
Bien sûr que ça lui ferait plaisir ! C'était son plat préféré, les crêpes.
— Je sais. J'avais envie de crêpes, et les enfants aussi.
Tout le monde était heureux, et c'était bien.
— Simplement… je me suis rendu compte qu'il me manquait des œufs. Ça ne te dérange pas d'aller en chercher, n'est-ce pas ? Ah ! de l'andouille et du cidre, aussi !
Il aurait dû voir le coup venir. Sa femme savait pertinemment que, en bon Breton, il vénérait les crêpes. Elle se serait contentée d'en faire sans rien lui demander, en le sachant heureux, si elle n'avait pas eu besoin de quelque chose.
Et si elle n'y était pas allée elle-même, c'était simple : on était vendredi soir, en début de mois. Les gens partaient en week-end, le réfrigérateur rempli grâce aux paies fraîchement arrivées. C'était la pire journée pour aller faire des courses. Pour le directeur de supermarché, la meilleure, pensa l'homme.

Il mit la main sur un panier, passa au rayon traiteur prendre l'andouille, au rayon alcools le cidre, et termina par les œufs. Satisfait, il retourna vers les caisses. Bondées, évidemment. Même celle destinée aux personnes qui achetaient moins de dix articles. La caissière était occupée à expliquer à une retraitée que, non, elle n'avait pas compté, mais que son chariot regorgeant de victuailles contenait manifestement plus de dix articles. Et les palabres s'éternisaient. La caissière avait des consignes, et elle ne lâcherait rien devant la retraitée.

— Vous !

C'était un cri. Il porta d'un bout à l'autre de l'immense magasin.

— Vous !

Une petite femme d'un âge indéfinissable, au visage marqué et aux cheveux gris coupés court en bataille venait de pousser ce cri. Elle avait le regard rivé sur l'homme. Celui-ci, cramponné à ses œufs, son cidre et son andouille, se demandait ce qu'on lui voulait. Avait-il déjà vu cette femme auparavant ? Il voyait tellement de visages passer.

— Lui ! cria-t-elle en prenant la foule à témoin. Cet homme a tué mon bébé ! Assassin !

Elle sanglotait désormais.

— Il a détruit mon enfant !

L'homme était figé sur place. Autour de lui, attirée par les cris, la foule se resserrait. Un assassin d'enfants ? Les mères s'éloignaient déjà avec leurs enfants, tandis que les pères, hostiles, s'approchaient. Personne ne savait ce dont il s'agissait, mais tous étaient déjà bien décidés à lyncher ce pédophile. Car c'en était un, n'est-ce pas ? Qu'est-ce que ça pouvait être d'autre ?

Il vit avec soulagement les agents de sécurité arriver, suivis de près par trois policiers en uniforme. La police ? Un équipage était déjà sur les lieux, par hasard, pour une autre affaire. Ils avaient bondi de leur chaise quand on leur avait dit qu'un assassin d'enfants venait d'être identifié à la caisse du magasin.

Ils eurent toutes les peines du monde à ramener un peu de calme. Dans un silence relatif, ils parvinrent tout de même à interroger la dame. Accusait-elle cet homme d'avoir assassiné son enfant ?

— Oui, il a détruit mon bébé.

Elle semblait proche de la folie, sa voix se brisait dans des sanglots déchirants.

L'homme voyait-il de quoi elle parlait ?

— Oui, je pense.

Silence total. Ce n'était pas la réponse attendue. Pas de dénégations. L'homme, très pâle, au bord du malaise, avait confirmé. Il poursuivit :

— Je travaille au crématorium. Je pense que j'ai dû m'occuper du bébé de Madame.

Elle, recroquevillée dans un coin, sanglotait. Elle se souvenait bien de lui : il avait brûlé son bébé.

Les pompiers la conduisirent à l'hôpital psychiatrique.

Il rentra chez lui.

Il m'a raconté cette histoire quelques années plus tard, au crématorium. Je n'ai pas pensé à lui demander si, en partant, il avait pris ses œufs, son cidre et sa charcuterie. Quelque chose me dit que non.

On peut facilement imaginer à quoi il pense désormais, quand il mange une crêpe à l'andouille, et supposer que ce n'est plus son plat préféré.

Qu'offrir à un croque-mort à Noël ?

C'est le comble : votre petite sœur, la rebelle, celle qui se teignait les cheveux en rose, lisait Cioran et écoutait The Cure en se coiffant comme Robert Smith, va se marier. Elle a pris la décision de se poser, de fonder une famille, bref, de se ranger. Elle a même accepté un travail à la banque, elle qui lisait Karl Marx le soir à son neveu, votre fils, pour l'endormir. Même si la joie étreint votre cœur, vous ne pouvez vous empêcher de ressentir une légère angoisse. La voilà qui vient présenter son nouveau fiancé à la maison, et parler de son nouveau job. Premier choc : elle va devenir trader. Aïe.

Votre espoir se reporte alors sur le jeune homme qui l'accompagne. Vos parents sont déjà sous le charme. Poli, sans affectation. Votre mère se pâme devant son regard si doux et son élégance naturelle, tandis que votre père apprécie sa poignée de main ferme et son regard franc. À l'apéro, votre mère lâche enfin *la* question : mais que fait-il dans la vie ? « Je travaille dans les pompes funèbres, Madame », explique-t-il.

Aïe, bis. Il avait l'air normal, en plus…

Quoi qu'il en soit, le dîner s'est bien passé en partie grâce aux efforts du fiancé pour parler de son travail et expliquer son importance sans insister sur les détails sordides, malgré la valse-hésitation de la mère, sur le thème « Mais quand ils sont morts depuis longtemps, ou qu'ils se sont jetés sous un train, ça doit être horrible, non ? Non, non, ne me dites pas… Alors ? »

Le regard enamouré de votre frangine dit mieux que de longs

discours son envie de se voir passer la bague au doigt par son croque-mort, et la réciproque semble tout aussi vraie.
Bref, les amoureux s'en sont allés, vous échangez un regard avec votre moitié, vos parents, et c'est votre père qui résume le mieux la situation :
— Ben mince alors, on dirait bien qu'on va avoir un croque-mort dans la famille.
Quant à votre mère, elle est désespérée :
— On offre quoi aux croque-morts à Noël ?
Permettez-moi à ce stade d'intervenir pour vous dire ce qu'il ne faut pas lui offrir. Vous pourrez ainsi procéder par élimination. Commençons par la cravate. Personne n'a envie de porter une cravate Snoopy, excepté peut-être dans le strict cadre privé – l'anniversaire de la petite dernière, par exemple, et encore, pas au-delà de ses cinq ans. Alors imaginez le croque-mort, assis devant une famille, avec sa cravate rigolote, les endeuillés fixant l'accessoire vestimentaire les yeux exorbités, en train de se demander : « Bon... Est-ce qu'il se paie notre tête ou est-ce que c'est juste un crétin ? » Notez qu'il ne s'agit pas d'une attaque contre Snoopy. Même motif, même punition, pour Charlie Brown, Bugs Bunny ou Mickey.
Autre item à proscrire... Bon, vous allez comprendre : le croque-mort est un être humain comme vous et moi, qui suis croque-mort aussi, mais passons, qui aspire à rentrer chez lui, embrasser sa femme, jouer avec ses enfants, se promener avec son chien. Il calcule son budget pour finir le mois, surveille avec inquiétude le prix du baril de pétrole, décide de faire rouler sa voiture vingt mille kilomètres de plus parce que cette année ce ne sera pas possible d'en changer... Et vous, vous sentant d'humeur généreuse, vous décidez de lui offrir une pince de cravate en or et des boutons de manchette en nacre. Quand est-ce que le croque-mort va les porter ? En dehors du travail, il est plutôt jean/chemisette, ce sera donc dans l'exercice de ses fonctions.

Imaginez sa tête lorsque les familles, avisant ces accessoires luxueux et onéreux, s'exclameront : « Ben dis donc, ça rapporte, le malheur des gens ! » Bon, j'exagère : ils ne le disent généralement pas. Mais beaucoup n'en pensent pas moins.
Et songez donc à ce croque-mort, celui qui aime sa femme et ses enfants (ou qui aime son mari et ses enfants) et son chien et son hamster, et sa famille, et ses amis, qui a un petit cœur qui bat, comme tout le monde, et qui passe sa vie à mettre des gens en cercueil tandis qu'autour de lui douleur, affliction, désarroi et petits faits sordides sont chez eux, qui rentre le soir du réveillon, guilleret, le cœur en fête, songeant qu'un instant il pourra fêter Noël, voir la joie au cœur des enfants, les guirlandes illuminées et virer ses idées noires à coup de pompe au derrière grâce à l'esprit de Noël… Ne vous demandez pas pourquoi il exprimera une certaine froideur à votre égard lorsque, ouvrant son cadeau, il verra le bitoniau que vous lui avez choisi, quoi que ce soit, chocolats, bouteille de vin, dans sa boîte en forme de cercueil qui vous « a tellement fait penser à lui », lui qui était venu, donc, pour penser à autre chose.

Prendre un défunt par la main

L'homme était mort dans un foyer, le genre pour cas sociaux irrécupérables. L'alcool, bien sûr, combiné au chômage, qui peut conduire n'importe qui à la déchéance la plus absolue.
Il avait séjourné là une semaine, avant que le directeur ne le découvrît. Coincé entre le mur et le lit, à genoux, face contre terre. Il était tombé de cette façon et était resté coincé là.
Il avait fait beau et chaud, il se trouvait pleinement exposé aux rayons ardents du soleil de l'après-midi et sa position avait fait redescendre le sang à la tête : il n'était pas beau à voir. Son corps était déjà noir, gonflé, son visage était méconnaissable.
Seule une main, la droite, était curieusement restée quasiment intacte. Livide certes, mais ni noire, ni suppurante, la main d'un mort de la veille, pas de la semaine passée.
Il fut transporté au funérarium, dans une case réfrigérée, en attendant que la police ait joint sa famille, pour les obsèques.
Elle vint l'après-midi même. Ses deux filles et le conjoint de l'une d'elles. Elles furent reçues par un assistant funéraire, celui avec lequel j'avais fait la réquisition. Et les arrangements préparatoires commencèrent.
Au bout d'un moment, alors que j'étais à la maison funéraire en train de désinfecter une table, je fus surpris de voir l'assistant, Gilles, se diriger vers moi, l'air inquiet.
— Bon, lança-t-il tout de go, il faut faire une présentation du corps de Monsieur X.
— Non, ce n'est pas possible.

— On n'a pas le choix, répondit Gilles, laconique.
— Mais si, on a le choix. Il est noir, gonflé, enfin, tu sais, tu l'as vu, on ne peut pas montrer ça !
— Attends, je t'explique : il n'y a aucune enquête médico-légale. Et le médecin n'a coché ni la mise en bière immédiate, ni les maladies contagieuses. En ce qui nous concerne, juridiquement, il est aussi *clean* que s'il était mort ce matin. On n'a aucun droit d'empêcher la famille de le voir, et les filles sont clairement du genre à faire des histoires !
— Il n'y a que la main de présentable...
— Alors on présente juste la main. Elles pourront la lui tenir une dernière fois, elles comprendront, je vais me débrouiller. Il te faut combien de temps ?
— Laisse-moi dix minutes.
— OK, viens les chercher au magasin quand t'auras fait la présentation.
Et ainsi fut fait.
Au labo, je sortis le corps de la case réfrigérée, j'ouvris la housse, sortis la main, et commençai à la nettoyer. Lorsque j'eus fini, on aurait presque pu se voir dedans. Elle était impeccable et sentait le désinfectant. Je conduisis le corps dans un salon, le recouvris d'un drap, de telle façon que seule cette main en sorte. Enfin, j'allai au bureau chercher la famille.
Je les accompagnai au salon. Là, sur un chariot, sous un drap blanc, reposait leur père, dont seule la main était visible. Ils se recueillirent, puis l'une des filles me demanda s'il était possible de les laisser seules un instant, pour pouvoir lui dire adieu dans l'intimité. J'acceptai, après avoir bien insisté sur le fait que, sous aucun prétexte, ils ne devaient soulever le drap, pour leur bien. Avec autant de tact et de diplomatie que je pouvais en trouver.
Puis je sortis par la porte, côté labo. J'attendis derrière, entendant des voix étouffées, des sanglots et un gémissement.

Craignant le pire, j'entrai. Les trois étaient défaits, visages pâles, joues noyées de larmes.
— On n'a pas pu s'empêcher de regarder, me dit simplement l'aînée.
L'histoire aurait pu s'arrêter là.
Quelques jours plus tard, Gilles vint me voir, après les obsèques.
— Tu connais la meilleure ?
— Non, quoi ? lui répondis-je.
— Les filles de Monsieur X ont écrit une longue lettre au siège pour se plaindre de nous.
— Quoi ? Qu'est-ce qu'on a fait ?
— Eh bien, selon leurs termes, on les a exposées à une vision choquante et dégradante de leur père contre leur gré. Elles refusent de payer la facture.
— Mais… Mais… On n'avait pas le choix…
— Non. Quoi qu'on ait fait, on aurait eu tort de toute façon.
— Et donc ?
— Et donc, rien. On aura un blâme pour avoir fait notre boulot.

Une solide réputation

Nous étions en renfort dans un petit village breton pour donner un coup de main aux collègues du coin qui avaient un surcroît d'activité. Nous avions fait la mise en bière, avions fait un beau cortège jusqu'à l'église – une entrée magnifique –, puis, une fois les fleurs disposées autour du cercueil, nous nous étions retirés pour laisser le prêtre officier. Dehors, le maître de cérémonie avait lancé :

— Bon, les gars, je vous paie un café ?

Nous avions accepté avec autant de gratitude que de promptitude. Pendant ce temps, le curé faisait messe express. Il avait en effet une autre cérémonie prévue à l'autre bout de son secteur, due à un cafouillage de la bénévole de 90 ans qui tenait son secrétariat. En moins de vingt minutes, soit la moitié du temps habituel, il dit la messe, invita les gens à bénir le corps, puis, quand tout fut fini, dans le silence de mort qui s'était installé, il se tourna vers le bedeau et lança, à haute et intelligible voix, dans la petite église :

— Va chercher les pompes funèbres. Ils doivent être encore au bistrot.

Idée reçue

On nous reproche souvent, à nous les croque-morts, de gagner notre vie sur le malheur des gens. Ma réponse est simple : oui, c'est vrai, et je l'assume sans complexe. Je gagne ma vie grâce au malheur des gens, comme les pompiers gagnent leur vie grâce au malheur des pauvres gens prisonniers des immeubles en feu, comme les policiers gagnent leur vie grâce au malheur des faibles qu'il faut protéger contre les agressions, des victimes à qui il faut rendre justice, comme les médecins, les infirmières, les aides-soignantes gagnent leur vie grâce à la maladie et au vieillissement, qui nous frappent tous un jour ou l'autre. Simplement, les gens dont je m'occupe sont morts, et les endeuillés cherchent toujours un responsable. On nous reproche parfois juste d'être là, mais que se passerait-il si, justement, nous n'étions pas là… ?

Avis de recherche

L'homme était seul. Par sa fenêtre, il regardait, mélancolique, la Lorraine sur laquelle Pluviôse, irrité, déversait son flot sans discontinuer depuis des jours, et s'était arrêté pour une brève accalmie. Dans l'âtre, les dernières braises se mouraient, délaissées, et les craquements de la vieille maison, livrée au froid, résonnaient sinistrement. Mais l'homme ne ressentait pas sa morsure. Ses pensées étaient tournées vers l'extérieur, où son père errait sans but ni mémoire, la maladie d'Alzheimer la lui ayant prise. Tout cela partait pourtant d'une bonne intention. Lorsque l'annonce de la terrible maladie leur avait été faite, son père avait avoué son désespoir à l'idée d'être obligé de quitter la maison où il était né, comme son propre père, son grand-père et tous ses aïeux avant lui. L'homme avait alors juré qu'il ferait tout pour que son père y habite le plus longtemps possible. Puis la maladie avait gagné du terrain, les fugues avaient commencé, de plus en plus longues, de plus en plus lointaines, de plus en plus erratiques. Et celle-ci durait depuis des semaines. Le vieil homme était quelque part dehors, vêtu d'un pantalon en velours côtelé, de son pull en laine et de ses charentaises. Rien qui fût à même de le protéger du froid et de l'humidité. Lorsque le téléphone rompit le silence de la vaste demeure, l'homme n'eut pas besoin de répondre pour entendre le funeste message.

Le pêcheur avait aperçu un remous à la surface de l'eau.
— Excellent, pensa-t-il, je ne reviendrai pas bredouille.

La pluie avait cessé depuis peu et le pêcheur s'était rué hors de sa maison située à quelques mètres du petit lac, avec son matériel en bandoulière, pour s'adonner à sa passion : la pêche. Il avait couru le monde, pêché le requin dans les mers chaudes, le saumon dans les torrents ; il avait été sur l'eau, sous l'eau, salée ou douce ; il avait visité toutes les mers et les océans, les lacs et les rivières, où il pouvait attraper du poisson. Il savait tailler un trou dans la glace pour attraper du poisson en Alaska et poser un panier en Bretagne pour y attraper des crabes. Son épouse courait le monde avec lui, le couvant d'un amour bienveillant et admirant les paysages. Les paysages, c'était sa passion. Petit à petit, elle s'était lancée dans la photographie, obtenant des clichés toujours meilleurs. Ils formaient un couple en parfaite harmonie. C'étaient des gens doux et généreux, échangeant sur leurs passions avec un réel intérêt. Ils étaient devenus, certainement à leur insu, des experts dans leurs domaines. Aussi, lorsque le pêcheur, après avoir lancé sa ligne et, sentant une prise, commença à mouliner pour la remonter, il sut qu'il tenait quelque chose d'anormal. Lorsque le corps émergea, il ne paniqua pas. Ce n'était pas son premier noyé et il savait qu'il devait le traîner pour l'échouer en un endroit où il serait à l'abri d'une nouvelle immersion. Il prit son temps, puisqu'il était manifeste que le corps était là depuis plusieurs jours, voire plusieurs semaines. L'odeur l'incommoda légèrement, mais il resta stoïque. Après avoir soigneusement posé son matériel, il s'en fut appeler la gendarmerie.

Les croque-morts scrutaient nerveusement le ciel et le médecin légiste espérait qu'il donnerait le feu vert pour que le corps fût emmené à l'institut médico-légal avant que la pluie ne reprenne. Sur le corps, il ne restait pas grand-chose : un peu de chair, des os et des lambeaux de vêtements (une charentaise sur un pied, un pantalon en velours côtelé, un pull en

laine). Le visage n'était qu'une bouillie informe encadrant deux orbites béantes. La bouche entrouverte donnait à l'ensemble une impression de surprise, comme si le cadavre était étonné de l'attention qu'il suscitait.
Les croque-morts fermaient la housse lorsqu'un gendarme vint les voir.
— Il faut attendre, les gars. On a un homme qui dit qu'il peut l'identifier.
— Quoi ? Dans cet état ?
— Eh oui ! Il nous tanne quasiment tous les jours pour savoir si on a retrouvé son père, un alzheimer qui a fugué. La date de la mort et les vêtements correspondent ; on l'a prévenu tout de suite, il a insisté pour venir, alors on l'attend. La bonne nouvelle, c'est qu'on a du café. Allez à l'estafette, là-bas.
Et, abrités sous le hayon de l'estafette de gendarmerie, finissant leur café tiède malgré la bouteille Thermos, les deux croque-morts virent apparaître la lueur des phares d'une Peugeot, qui était conduite par l'homme. Celui-ci les salua aimablement, malgré son appréhension. Il insista pour voir le corps sur place. L'un des croque-morts tenta de le décourager, vu l'état de la dépouille, mais devant l'assurance de l'homme, il finit par ouvrir la housse. L'homme resta un instant sans rien dire, pétrifié, puis ses larmes commencèrent à couler doucement le long de ses joues glabres.
— C'est lui. C'est mon père.
— Vous êtes sûr ? s'enquit un gendarme. Il est en très mauvais état.
— C'est lui. J'en suis certain.
— Mais pourquoi en êtes-vous si persuadé, Monsieur ? insista le gendarme.
— Vous voyez son pull ? C'est moi qui le lui ai ramené d'Irlande. C'est lui.

Le silence se fit. Puis l'homme murmura :
— Pardon, papa, je n'ai pas su m'occuper de toi. Je suis si désolé, et les larmes coulèrent en abondance.

L'autopsie fut simplement scientifique : un examen extérieur du corps, quelques prélèvements, tout fut bouclé en vingt minutes, puis le fils put disposer du corps.
Il se rendit dans l'entreprise de pompes funèbres qui était allée chercher le corps et organisa les obsèques. Il choisit un cercueil en acajou massif, parce qu'il voulait ce qu'il y avait de plus beau, opta pour la crémation, selon les volontés de son père, paya sans sourciller le supplément demandé par le crématorium pour un bois dur, choisit la plus belle urne et acheta une concession perpétuelle pour y inhumer les cendres, dans un petit caveau qu'il fit construire à cet effet. Il commanda pour le recouvrir un monument dans le granit le plus rare, dont il personnalisa le dessin. Puis il demanda un corbillard limousine pour convoyer le cercueil et commanda des fleurs en quantité. Il fit publier des avis dans les journaux les plus prestigieux. Les obsèques se passèrent. Elles furent somptueuses. L'homme régla la facture rubis sur l'ongle, distribua des pourboires royaux aux porteurs, remercia chaleureusement l'équipe, qui avait été aux petits soins, et s'en repartit dans sa vieille demeure familiale pour y ressasser sa peine et sa culpabilité.

Épilogue, trois mois plus tard…

L'homme poussa la porte de l'agence. Il demanda à voir le conseiller qui l'avait reçu. Les deux hommes s'installèrent dans un salon de réception.
— Que puis-je pour vous ? demanda le croque-mort.
— Eh bien, vous avez réalisé les obsèques de mon père, il y a trois mois.

— Oui, je m'en souviens bien !
— Il souffrait de la maladie d'Alzheimer, il avait fugué.
— Je me rappelle. Triste, vraiment triste.
— En fait, on m'a appelé avant-hier. Il est dans un hôpital psychiatrique en région parisienne. Il a erré jusque-là, et comme il était incohérent et qu'il ne donnait pas son nom…
L'assistant funéraire était bouche bée.
— Mais, et l'homme qu'on a crématisé ?
— L'homme dans la tombe, enfin, ses cendres, on ne sait pas qui c'est…
— … Euh, je ne sais pas quoi dire…
— Un geste suffira : si vous pouviez graver sur la tombe : « Monsieur X ». Le procureur m'a dit qu'on ne saurait jamais qui c'était. Et je vais faire un contrat obsèques pour mon père. C'était vraiment bien, la première fois.

La loi de Murphy

Le printemps était là. Il chassait enfin un hiver trop long et trop dur. La nature se parait d'une jolie teinte verte, les oiseaux lançaient leurs pépiements de joie vers le ciel à nouveau bleu et les hommes sortaient se venger des longs mois d'enfermement. Un motard roulait à toute allure vers l'horizon. L'engin puissant répondait à toutes ses sollicitations. Ses sensations étaient optimales, l'adrénaline et la liberté bouillonnaient dans ses veines, et l'on aurait pu deviner, sous son casque, le sourire qui barrait son visage.

L'automobiliste aussi roulait heureux, les vitres grandes ouvertes. La campagne bretonne défilait sous ses yeux pour lesquels elle était un émerveillement constamment renouvelé. Aussi, sa surprise fut-elle grande lorsqu'il vit surgir le motard sur sa droite. Leurs regards se croisèrent, les yeux de l'automobiliste plongèrent directement dans la visière du motard dont même les gants de cuir noirs blanchirent en se crispant sur les freins.

Puis ce fut l'impact. Le motard fut éjecté par-dessus le capot du véhicule, fit un roulé-boulé magnifique et commença une longue glissade sur la chaussée, tout en étant protégé par sa combinaison de cuir épais. Mais il n'était pas sûr qu'elle le protégerait contre le camion qui arrivait en face.

Ce dernier était conduit par un brave homme, qui songeait distraitement au cadeau d'anniversaire qu'il offrirait à son petit-fils pour ses six ans, un train électrique. Il imaginait la joie dans les yeux du petit bonhomme, le fils de son fils, sa fierté… Mais qu'est-ce qu'il fait là, lui ? Et il tourna brusquement son volant. Le motard continua sa glissade, vit les roues du camion, prêtes à l'écraser, bifurquer soudain, passa entre elles, sous les essieux, et continua sa glissade pour se retrouver nez à nez avec un pare-chocs de voiture.

Le conducteur de celle-ci, un homme calme, vit le motard, appuya sur la pédale de frein par à-coups tout en donnant des coups de volant pour l'éviter sans perdre le contrôle de sa trajectoire : il parvint à éviter le motard.

La scène s'était figée. La première voiture avait percuté le camion, qui avait manqué de peu de se renverser, la seconde était dans un fossé, et les conducteurs sortirent de leurs véhicules respectifs.

— Tout le monde va bien ? lança le conducteur du camion.

Les deux automobilistes acquiescèrent, puis les trois regards convergèrent vers le motard, debout au milieu des épaves.

— Faudra aller faire homologuer ça à Rome, vieux, lança le chauffeur du poids lourd.

— Vous venez d'échapper trois fois à la mort en quoi ? Cinq secondes ?

Le motard semblait hagard. Il avait retiré son casque, et son visage était d'une pâleur incroyable. Les deux automobilistes s'étaient rapprochés de lui.

— Hé, Monsieur ? Monsieur ? Ça va ? Vous devriez aller vous asseoir à l'ombre, là-bas, sous l'arbre, pendant qu'on appelle les secours.

Le motard fut donc installé, assis, à l'ombre, sous un arbre. Les trois autres hommes prévinrent la gendarmerie et les pompiers, et s'occupèrent de baliser tant bien que mal les lieux pour prévenir les autres automobilistes.

Ils travaillaient en silence. Chacun avait conscience qu'ils avaient eu une chance extraordinaire.

Lorsque les pompiers arrivèrent, ils commencèrent par s'assurer que chacun allait bien. Les trois chauffeurs étaient sérieusement secoués, mais ils reprenaient le dessus.
Puis les secouristes allèrent voir le motard. Ils virent tout de suite que quelque chose n'allait pas.
— Monsieur… Monsieur… Eh, Monsieur, vous m'entendez ?
Il n'entendait plus. Son menton posé sur la poitrine, il avait cessé de respirer, et son cœur de battre. Malgré tous les efforts des secours, le médecin du SAMU arrivé sur place dut remplir un certificat de décès trois quarts d'heure plus tard.
L'autopsie, réalisée à la demande de la gendarmerie, conclut à un infarctus foudroyant causé par un stress intense.
Les deux automobilistes et le routier vinrent assister aux obsèques. Pendant toute la cérémonie, ils nous regardèrent comme si nous étions responsables.
La loi de Murphy est une loi empirique énonçant que tout ce qui peut mal tourner va infailliblement finir par mal tourner.

Boire un petit coup, c'est doux

La bise automnale soufflait en avance, et déjà l'été et l'hiver s'adressaient des signes par-dessus un automne recroquevillé et insignifiant. Dans le petit estaminet au charme d'antan, quelques clients avaient bravé le crachin pour écluser un godet. Cinq clients en tout.

Quatre d'entre eux se tenaient au bout du comptoir, dans leur coin habituel. Ils devisaient avec la patronne, l'âme véritable des lieux, qui était heureuse d'une part parce qu'elle était avec ces clients qu'elle appréciait, d'autre part parce qu'elle avait là un bon prétexte pour rester éloignée poliment du cinquième.

À l'exact opposé du comptoir, celui-ci était seul, et son regard fixe sur le carrelage faisait comprendre qu'il voulait le rester. Peu auraient d'ailleurs tenté de lui adresser la parole. Ses yeux fixés sur des pensées loin des préoccupations de la soirée insouciante étaient enchâssés dans un visage marqué de rides soucieuses, seules capables de troubler cette figure forgée à la masse. Il mesurait près de deux mètres, était large d'épaules, et la pinte de bière semblait plus petite qu'un demi dans sa main puissante. Il n'ouvrait la bouche que pour prononcer deux « Bonsoir ! », l'un sérieux dit d'une traite, sans souffle ni ponctuation, lorsqu'il entrait, et l'autre en sortant après avoir payé. Si tout en lui respirait la brute, rien dans son attitude ne pouvait étayer cette hypothèse.

Mais à le regarder ainsi assis, perdu dans ses pensés, on pouvait voir une montagne réfléchissant au moyen le plus douloureux

de tuer une souris. Puis sans doute d'exterminer toutes les souris de l'univers, juste pour s'échauffer.
En un mot, le gars faisait peur à tout le monde.
Un sixième client entra dans l'estaminet. D'emblée, il se joignit au petit groupe d'amis en les saluant tous par leur prénom. Lui aussi était un habitué des lieux et il ôta son manteau trempé de pluie qui protégeait son costume de croque-mort. Il s'assit sur un tabouret et devisa joyeusement avec la compagnie, sans prêter attention à la brute du bout du comptoir.
Ce dernier fixait le croque-mort comme si le Diable en personne était entré dans le bistrot, avait sifflé un verre et était parti sans payer. Lentement, il finit son verre, se leva et se dirigea droit vers le petit groupe. Sa masse cachait la lumière, le sol semblait trembler sous ses pas : un silence total l'accompagna.
Il se planta devant le croque-mort, le désigna d'un index massif et, d'une voix éraillée, peu habituée à la conversation, il s'écria :
— Toi, là !
Puis, incertain de s'être fait comprendre, il répéta :
— Toi, là !
Sur son tabouret dont il remarquait pour la première fois l'inconfort, le croque-mort se sentit pâlir. Curieusement, il pensa au collègue thanatopracteur qu'il avait salué une demi-heure plus tôt : jamais il n'aurait songé que quelques heures plus tard, il aurait son trocart planté dans le cœur. C'était une certitude, il avait d'une façon ou d'une autre contrarié ce type, il était mort.
La brute sembla chercher ses mots dans une mémoire chauffée au rouge, et déclara :
— Tu as enterré mon frère !
C'était donc ça ? Il allait mourir pour avoir enterré le frangin d'un psychopathe ? Il y avait sans doute eu un problème au cours de l'enterrement. Mais, curieusement, il n'avait aucun souvenir d'un incident à des obsèques avec cet homme dans la famille. Il en était sûr : si cela avait été le cas, il se le rappellerait.

Mais l'autre n'avait pas fini. Il chercha des mots, les trouva, vérifia qu'ils correspondaient à ce qu'il voulait dire et affirma de la même voix de stentor :
— C'était vachement bien.
Puis il chercha quelque chose à ajouter, sembla se dire que c'était tout, posa le prix de sa consommation sur le comptoir, y ajouta le prix du verre que buvait le croque-mort, fit signe à la patronne de remettre un verre à ce dernier et sortit sans ajouter un mot.
Il y a sûrement une morale à cette histoire, et le croque-mort s'est juré de la trouver, plus tard. Pour l'instant, il se remet du choc. Songez donc, il s'est découvert émotif.

Mauvaise réputation

L'homme était entré dans l'agence de pompes funèbres, et s'était dirigé vers la première personne qu'il avait vue, en l'occurrence, moi.
— Pardon, Monsieur, est-ce que vous savez où je pourrais trouver un magasin de spiritueux, ou une cave à vin ?
— Désolé, Monsieur, je ne sais pas, lui répondis-je.
— Zut. Pourtant ma femme m'a dit : « Va voir les croque-morts, ils savent toujours où se trouvent les boutiques d'alcool. »

Note de service 666-Z (confidentiel) à l'attention des pompes funèbres[1]

Suite au grand nombre de cas de réveil prématuré constatés ces derniers temps, dans le souci d'assurer une démarche qualité incluant les services apportés aux anciens défunts, vous serez prié, dorénavant, d'appliquer cette procédure si l'un des défunts dont vous avez la charge venait à s'éveiller.

1. Veillez à avoir une tenue correcte et une expression si possible avenante. N'hésitez pas à prendre le temps de rectifier votre tenue et à vous remettre du choc pour vous composer une expression courtoise.
2. Ne laissez pas l'ex-défunt trop longtemps dans sa case réfrigérée. Accueillez-le dès l'ouverture de la porte, munissez-vous d'une couverture chauffante, mais ne la brandissez que si nécessaire, du fait de son côté anxiogène. Idéalement, proposez-lui un peignoir.
3. Suite aux cas de cannibalisme constatés récemment dans l'actualité, assurez-vous que vous n'avez pas affaire à un zombie. Pour cela, posez à l'ex-défunt des questions simples et proposez-lui une boisson chaude. Si l'ex-défunt l'accepte avec gratitude, tout va bien. S'il manifeste l'intention de boire votre sang à la place, prenez la fuite.

---

1. Bien entendu, ceci est une pure parodie.

4. En complément du point 3, si l'ex-défunt a subi des soins de conservation ou une autopsie, vous avez certainement affaire à un zombie. Prenez la fuite.
5. Prenez soin d'incriminer le corps médical et de dégager la responsabilité de nos services. NE PRÉSENTEZ PAS D'EXCUSES, seuls les responsables s'excusent. Gardez à l'esprit que les médecins ont fait dix ans d'études, alors que vous, si vous êtes là, dans un funérarium, pour à peine un peu plus que le SMIC, manifestement, vous avez à peine plus que le bac. Le médecin a le salaire : laissez-lui les responsabilités qui vont avec.
6. Si l'ex-défunt est jeune, a un physique agréable et correspond généralement à vos préférences sexuelles, évitez de la ou le fixer avec trop d'insistance, ou gardez-vous de tout geste déplacé, même en cas de sollicitations. Gardez à l'esprit que, à quelques minutes près, vous auriez été nécrophile. Si ça ne suffit pas, prenez une douche froide. Seul.
7. Restez le plus neutre possible dans les réponses que vous apporterez aux nombreuses questions que l'ex-défunt ne manquera pas de vous poser. Évitez par exemple de vous étendre sur les détails de la cérémonie simple (euphémisme pour « bâclée et pas chère ») et le cercueil sobre (synonyme de « bas de gamme, en bois de cagette ») que sa famille avait commandé.
8. Suite au point 7, il est très important que le défunt reste dans l'ignorance, tant qu'il est en nos murs, de son nouvel état de pauvre, si la famille a déjà dilapidé l'héritage.
9. Il est possible que l'ex-défunt entretienne, à son réveil, un état de confusion à tendance mystique. Ne vous laissez pas embarquer dans cette dérive : il n'y a qu'un cas de résurrection admis, il s'est déroulé il y a environ 2 000 ans, et preuve de son caractère unique, on en parle encore aujourd'hui. De même, l'ex-défunt peut penser qu'il est effectivement

toujours mort. Souvenez-vous que vous n'êtes pas un ange, que votre responsable n'est pas saint Pierre et que le directeur de l'entreprise n'est pas Dieu le Père ; et cela, même s'il a tendance à le croire lui-même.

Enfin, vous veillerez à utiliser les éléments de langage suivants :

Ne dites pas : « Vous étiez mort. »
Dites plutôt : « Il semblerait que votre médecin ait commis une erreur de diagnostic. »

Ne dites pas : « Je me demande comment vous pouvez encore être en vie, après ce que le thanatopracteur vous a injecté comme formol. »
Dites plutôt : « Au moins, vous êtes à l'abri des rhumes, grippes et autres virus, maintenant. »

Ne dites pas : « Vous êtes ruiné, vos enfants ont déjà dépensé tout votre héritage. »
Dites plutôt : « Vous allez vous faire un paquet d'argent avec le procès que vous allez faire à l'hôpital. »

Ne dites pas : « Oui, oui, je suis un ange. »
Dites plutôt : « Ne bougez pas, je vais prévenir Dieu le Père. »

Ne dites pas : « Vous voulez un linceul, pour vous réchauffer un peu ? »
Dites plutôt : « Je vais monter le chauffage. »

Sécurité

Nous étions six à la mise en bière, dans le somptueux manoir. Six ? Nous ne comprenions pas bien. Il y avait le maître de cérémonie, quatre porteurs, pas besoin de plus, et un cinquième porteur. Nous ne savions pas pourquoi un cinquième porteur, et, plus important, nous ne savions pas lequel de nous était le cinquième.

La mise en bière faite, nous sortîmes dans le parc le temps que la famille se recueille. Enfin, le maître de cérémonie consentit à expliquer :

— Bon, vous quatre, vous serez porteurs sur le convoi, pas de soucis. Toi, tu restes là.

Le collègue ainsi interpellé demanda pourquoi. Le maître de cérémonie soupira :

— Parce que la famille paie pour ça. L'avis de décès est paru à travers tout le pays. Le défunt est connu des amateurs pour être très riche et collectionneur d'art. Tous les cambrioleurs du coin doivent converger vers ici, voir s'il y a des opportunités. Donc toi, ton boulot, c'est de tourner autour du manoir, pendant toute la durée du convoi. Si tu vois quoi que ce soit de louche, tu appelles la police. On revient te chercher quand on sort du cimetière.

Et c'est ainsi que le collègue se vit payer pour se promener dans le parc pendant que nous suerions sang et eau à faire un service au carré et à transporter les dizaines d'immenses compositions florales qui étaient arrivées de partout.

Nous fûmes jaloux un temps. Un temps seulement ? Oui, jusqu'à ce qu'il se mette à pleuvoir à verse et que, bien à l'abri sous le porche de l'église, nous nous souvînmes qu'il n'y avait aucun abri, dans le parc.

Pas de réseau

Monsieur le Directeur,
Vous avez enterré mon oncle la semaine dernière. Il a reposé jusqu'à ses obsèques dans votre chambre funéraire. Tata avait demandé une présentation en cercueil ouvert.
Juste avant la fermeture du cercueil, nous avons dû faire un bisou à Tonton. C'est une tradition familiale qui remonte à longtemps. Je pense que ce n'est pas très hygiénique, mais je n'avais pas envie de me fâcher avec toute la famille.
En me penchant, mon téléphone portable est tombé dans le cercueil. Je ne m'en suis pas rendu compte de suite, parce que maman avait exigé que je l'éteigne et donc je n'étais pas surpris de ne pas recevoir d'appels.
J'ai cherché mon téléphone partout. C'est un iCrumble 6 de 5,5 pouces avec toutes les options et toutes les applis que j'ai téléchargées, il y en a pour 1 000 euros ! Heureusement que Tonton ne voulait pas être crématisé.
C'est pour ça que je pense qu'il est tombé dans le cercueil de Tonton. Ça serait bien si vous pouviez me le récupérer rapidement, parce que je continue de payer mon forfait.
Merci.
Signé : Monsieur Chombier

La réponse du directeur
Monsieur Chombier,
J'ai bien pris note de votre demande.

La loi nous interdit d'ouvrir un cercueil durant cinq ans après sa fermeture.
Le moment venu, vous pourrez, si vous le souhaitez, nous demander de vous faire un devis pour le démontage/remontage du monument, le creusement, l'exhumation, la réinhumation, le remplacement éventuel du cercueil ou la réduction de corps. La mairie nous demanderait peut-être la raison de cette opération : à votre place, je trouverais un prétexte un peu plus respectueux.
Il m'est avis que le rachat, dès à présent, d'un téléphone neuf serait une solution moins onéreuse.
Veuillez agréer, Monsieur Chombier, mes salutations.
Signé : Le Directeur

Note : j'ignore ce qui s'est passé ensuite. Et je ne sais pas non plus si l'oncle a du réseau, là où il est.

Les risques du métier

Hommage au Dr XXXX

Il est un ou plusieurs, à la fois célèbre et totalement inconnu. De lui on ne sait rien, si ce n'est qu'on l'a croisé, un jour ou l'autre. Mais lorsqu'il s'agit de l'évoquer, son souvenir reste diffus, flou, incertain.
Pourtant, il surgit partout dans les villes de France, son terrain de chasse privilégié. Son éloignement géographique suscite nombre de questions : est-il rapide comme l'éclair ? Est-il doté du don d'ubiquité ? Ou plus pragmatiquement, sont-ils plusieurs ? Dans ce cas, s'agit-il d'une famille, d'une secte, d'une société secrète ? Un complot à côté duquel les Illuminati feraient pâle figure ? Si oui, dans quel but ? S'il s'agit d'une famille, quel patriarche posa les bases de l'arbre généalogique ?
Son mode opératoire est toujours le même. Il surgit, salue l'assemblée, se dirige vers le corps, fait ses constatations, remplit le certificat de décès, et le signe de cette écriture qui fait tant sa gloire…
Ledit certificat sera la base des documents administratifs que nous, les croque-morts, les agents administratifs, les conservateurs de cimetières manipulons régulièrement. Il en est des centaines qui sont barrés de son nom quotidiennement. Sur chacun d'eux, on peut lire sa marque, son nom, son célèbre patronyme : « Décès constaté par le Dr ILLISIBLE ».

L'heure des obsèques ne pourra en aucun cas être antérieure au décès

Le bouquet répondait parfaitement au qualificatif de *joli.* Il avait été composé avec goût, fleur par fleur, dans des tons mauves et blancs, qui symbolisaient peut-être la tristesse et la pureté des sentiments, ou non : les gens ne s'attachent plus trop à la symbolique. Il était à la foi sobre et fourni, il avait dû coûter cher, et semblait néanmoins petit dans le poing immense qui le serrait. L'homme était grand, il était costaud, et semblait mal à l'aise dans l'entrée de la maison funéraire. Il avait pris le parti de rester en retrait et de laisser sa femme s'occuper du reste. Lui portait les fleurs et se répétait en boucle la formule de condoléances qu'il avait mise au point toute la soirée de la veille. Sa femme était petite, et fébrile. Manifestement, le couple n'était pas coutumier de la mort. Elle et lui se tenaient juste là, à l'entrée du funérarium, jetant autour d'eux des regards presque angoissés, ne sachant trop que faire, où aller, que demander, ni même à qui le demander. L'assistant funéraire était assis à son bureau. Il les avait vus arriver sur le parking et avait patienté. Mais, comme ils ne venaient pas le voir, il décida d'aller à leur rencontre. Le couple sembla le voir arriver avec soulagement, tout en restant un peu sur la défensive. L'un et l'autre paraissaient avoir une quarantaine d'années, et l'on eût dit qu'ils voyaient un croque-mort en chair et en os pour la première fois de leur vie. Jusqu'à ce jour, ils avaient été épargnés par le

deuil. Après quelques courtes et sobres salutations, le croque-mort s'enquit :
— Que puis-je pour vous ?
— Nous venons voir Mme Chombier. Elle est bien chez vous ?
— Mme Chombier ? Euh, non, je suis désolé, Madame.
— Ah bon ? Mais pourtant, dans le journal, l'avis disait que Mme Chombier reposait chez vous, ici, à la maison funéraire ?
— Euh… Oui, c'est exact, Mme Chombier reposait ici, à la maison funéraire.
— Ah ! Et elle est où, s'il vous plaît ?
— Eh bien, le journal disait aussi que les obsèques de Mme Chombier auraient lieu le 27.
— Oui, le 27 à 14 h 30, c'est cet après-midi, et nous voulions absolument faire une visite avant…
— Je suis navré, Madame, mais nous sommes le 28, aujourd'hui.
Sans doute avaient-ils été induits en erreur par un malheureux concours de circonstances : pour des raisons techniques, l'avis d'obsèques n'avait pu paraître le 26, veille de la cérémonie. Il avait été publié le jour même, sans que la formulation ait été changée. Sous le coup de l'émotion, la femme n'avait pas relevé l'erreur et s'était donc trompée d'un jour !

Déjà, elle calculait une solution de repli : aller déposer les fleurs sur la tombe, envoyer une carte de condoléances. Son époux, le visage inexpressif, souleva alors son bras massif, tout en semblant se parler à lui-même :
— Hier à 14 h 30 ?
Il regarda sa montre, se tourna vers sa femme et ajouta simplement :
— On va être en retard.

Le saviez-vous ?

Thanatopraxie

Le mot *thanatopraxie* est relativement récent : il a été fabriqué de toutes pièces, en quelque sorte, par André Chatillon, qui a constitué le mot à partir de Thanatos – divinité grecque de la Mort – et *praxein*, qui désigne en grec une opération manuelle à connotations médicale. Il s'agissait donc de désigner une opération chirurgicale sur un défunt, dont l'objectif était de le préserver de la décomposition. Dans les années 1960, c'étaient généralement des médecins qui pratiquaient ces opérations. La thanatopraxie est aussi appelée « soins de conservation », le professionnel qui les réalise est un thanatopracteur.
Il ne faut surtout pas confondre la thanatopraxie moderne (le remplacement des fluides corporels par du formol) avec l'embaumement antique, qui se rapproche plus de l'empaillage, avec retrait des organes. Les Anglo-Saxons et Canadiens utilisent encore le mot *embaumement*, mais c'est bien de thanatopraxie qu'il s'agit.

Arnaque, aide sociale et téléphonie

Il y a, aux pompes funèbres, sur les bureaux, un curieux instrument. Généralement fait de plastique, de métal et d'un peu de caoutchouc – le tout savamment assemblé –, il a pour nom téléphone. Il a ceci de fascinant que, si vous collez le combiné à votre oreille, il en sort des voix. Mais ces voix ont parfois tendance à raconter n'importe quoi.

Exemple :

— Les pompes funèbres, bonjour !

— Bonjour, c'est Mme Durand, assistante sociale à la maison de retraite Les Feuilles d'Automne. Je vous appelle parce que Mme Martin est décédée cette nuit et elle avait un contrat obsèques chez vous.

— Attendez, je vérifie… Tout à fait ! Il était prévu un transfert à la maison funéraire, je vous envoie une équipe tout de suite si le médecin a signé le certificat de décès.

— Oui, oui, c'est bon, le médecin sort à l'instant. Et je vous donne aussi les coordonnées de sa fille.

— Oui, nous verrons avec elle l'organisation et tout ça…

— Et la prévenir, aussi. Allez-y doucement, elle aimait beaucoup sa maman…

— Pardon ? Vous n'avez pas prévenu la famille ?

— Non, j'attendais que vous le fassiez. Vous avez l'habitude d'annoncer des décès, non ?

— Non, je ne l'ai jamais fait, et je compte bien arriver à l'âge de la retraite sans l'avoir jamais fait. Dites, vous faites ce boulot depuis longtemps ?

— Une semaine, je sors juste de l'école. Mais si vous ne le faites pas, alors qui va le faire ?
— Dans les maisons de retraite, c'est le boulot, soit des assistantes sociales, soit du directeur, soit des soignants, soit de n'importe qui qui passe par là et a un minimum de tact. Mais jamais, au grand jamais, les pompes funèbres.
— Mais je ne pourrai jamais faire ça, moi.
— Moi non plus. Mais moi, simplement parce que ce n'est pas mon métier. Vous, si. Bon, donc, je vous envoie une équipe et j'attends que la famille m'appelle. Bon courage, au revoir !
J'ai prévenu l'équipe, au cas où la petite se révélerait talentueuse dans le domaine de l'arnaque. C'était en début de matinée et la fille ne m'a appelé qu'en fin d'après-midi : elle venait juste d'être prévenue. Je n'ai jamais eu le courage de lui demander par qui.
Sachez que les pompes funèbres n'annoncent jamais un décès parce que prévenir quelqu'un de la mort d'un être cher et demander juste après quel type de cercueil il veut acheter – je caricature à peine – aurait un effet désastreux sur le plan psychologique. Vous savez… ? le complexe du charognard…

Comparateur de prix à titre posthume

Le téléphone sonne. Je décroche. C'est ce que j'ai tendance à faire, dans ces cas-là.

— Centre funéraire, bonjour !

(Je sais : le bonjour. Grand débat. Faut-il ou non dire bonjour ? La question est loin d'être tranchée. Je précise juste que j'évite trop de jovialité.)

— Bonjour, voilà, je vous appelle parce que mon mari est décédé.

— Je vous présente mes condoléances, Madame.

— Merci, c'est gentil. Donc, je voudrais des renseignements.

— Des renseignements pour organiser ses obsèques, oui, bien sûr. Pour commencer…

— Non, non, il est déjà enterré.

— Ah ? Bon. Que puis-je pour vous, dans ce cas ?

— Eh bien, je suis passée par un de vos concurrents, et je trouve que c'était un peu cher, et je voulais votre avis.

— …

Mettez-vous un peu à ma place : dans un cas, le concurrent sera moins cher que moi (c'est difficile, mais pas impossible) et je devrai le reconnaître. Ce n'est pas grave, mais c'est un peu humiliant. Dans l'autre cas, le concurrent sera plus cher, et je devrai critiquer un confrère indépendant, chose que je m'interdis par-dessus tout. Ça ne se fait pas entre confrères, sauf si, bien entendu, le confrère en question est notoirement un escroc.

Ce qui n'était pas vraiment le cas.
Le confrère dont il était question était professionnel, consciencieux, réellement respectueux des défunts et du deuil des familles, il travaillait très bien. Simplement, il avait la réputation de bien aimer l'argent et de pratiquer des tarifs quelque peu élevés. C'était son problème : les gens avaient le choix d'aller chez lui ou non. Mais vingt ans après la loi sur le libre choix des pompes funèbres, la plupart ne l'ont pas encore compris.
Bref, j'étais fort marri et je trouvais que cette personne ne manquait pas de culot.
Nous comparâmes donc, elle avec entrain et moi à contrecœur, les tarifs respectifs. Il s'avéra que mon confrère était, pardon pour ce langage, « vachement » plus cher en tout. Je reprends ainsi un terme de l'un de ses employés, qui m'avait expliqué que, dans cette entreprise, on était « vachement bien payé ». On n'a rien sans rien.
Moi, je commençais à maudire cette dame. Quand j'achète un réfrigérateur chez Darty, je n'appelle pas Conforama après pour savoir si je l'aurais payé moins cher.
C'est là qu'arriva le clou du spectacle.
Essayez un peu de vous mettre à ma place. Je résume : une dame m'appelle pour me dire qu'elle a choisi un confrère et elle se demande si elle n'aurait pas mieux fait de venir me voir. Il s'avère que je n'ai même pas eu ma chance de lui faire un devis avant, et que le confrère est vraiment beaucoup plus cher. Vous y êtes ?
Parce que là, avec un ton accusateur :
— Et comment vous expliquez cette différence de prix ?
— Je ne sais pas, Madame.
— Parce que, par exemple, les soins de conservation, deux cents euros d'écart, c'est énorme !
— Oui, mais je ne sais pas, c'était peut-être un jour férié, ou de nuit, vous ne m'avez pas…

— Non, c'était en journée, en semaine. Et puis même, deux cents euros d'écart si c'était de nuit ou le week-end, c'est du vol !
— Mais je n'ai pas dit que c'était ce que nous…
— Et ça, là, le corbillard, vous êtes cent euros moins cher, comment vous l'expliquez ?
— Je ne sais pas…
— En somme, vous ne savez rien ! C'est bien pratique ! Décidément, c'est vrai que les pompes funèbres, c'est une mafia ! Je ne vous salue pas, Monsieur ! me vitupère-t-elle aux oreilles.
Et elle raccroche.
Voilà quatre ans que je cherche une morale à cette histoire. Précision : une morale *polie*.

Mauvais plan

Nous devions procéder à une inhumation. Dans un caveau. Banal, classique.
Ledit caveau s'ouvrait par une trappe enterrée. C'est ce qu'on appelle une ouverture par devant, par opposition à l'ouverture par le dessus, où le cercueil descend verticalement.
Le marbrier creuse à l'endroit où doit se trouver l'ouverture par-devant. Il ne trouve rien. Ennuyé, il regarde : à gauche, un bac en béton qui sert de poubelle pour les déchets verts du cimetière, à droite, un monument, et derrière, une allée minuscule. Ils n'ont tout de même pas placé l'ouverture dans la petite allée ? Marbrier consciencieux ayant déjà vu de telles aberrations, il sonde par acquit de conscience pour vérifier.
À son grand soulagement, il ne trouve rien. Répit de courte durée : comment s'ouvre-t-il, ce caveau ?
Il se renseigne.
— Non, ce n'est pas une ouverture par le dessus, c'est une ouverture par le côté.
Par le côté. Attends…
— Dites, la dernière personne inhumée c'était en…
— C'était dans les années 1980.
— Ah ! OK ! Et, dites, la magnifique poubelle en béton, là, elle date de…
— Des années 1990, pourquoi ?
— Non, comme ça.

— Dis, tu nous crois assez abrutis pour construire une poubelle en béton sur l'ouverture d'une tombe ?
— Non, non, non. Bien sûr que non. Ça t'ennuie si on va consulter les vieux plans du cimetière, aux archives, juste pour vérifier ?
Eh oui, bien sûr ! La commune avait construit la poubelle en béton sur l'ouverture du vieux caveau. Il y avait de la place libre, un bel emplacement, et personne ne s'était demandé pourquoi, dans ce cimetière surpeuplé, ce bel espace devait rester libre…

Idée reçue

On nous dit que mourir coûte cher, alors que naître est gratuit. C'est faux.

Le prix moyen des obsèques en France se situe entre 2800 et 3200 euros. Le prix moyen d'une naissance est estimé à 7000 euros. Mais la naissance est entièrement prise en charge par la Sécurité sociale tandis que vous payez la mort de votre poche. Il existe peu de variantes pour la naissance. Mais il existe une infinité de possibilités pour les obsèques : cérémonie civile ou religieuse, à l'église, au temple, à la mosquée, vous pouvez être inhumé, crématisé, et là encore, vos cendres peuvent être déposées dans une tombe, un columbarium, dispersées... Vous avez le choix, c'est la liberté du funéraire. Il serait toujours possible de demander à l'État de prendre en charge le coût des obsèques. Mais cela resterait payant : par des cotisations, des impôts et des taxes. Considérez ceci : dans l'hypothèse d'une prise en charge des funérailles par l'État, vous vous exposeriez alors à vous voir imposer vos choix. Pour uniformiser les obsèques, pour en réduire les coûts, voire par simple dogme égalitariste. Au final, vos volontés, vos croyances et vos principes seront balayés par la loi. Le prix des obsèques est alors simple à calculer : c'est celui de la liberté.

Une vie de chien

L'homme avait succombé à une longue maladie. Il avait souhaité mourir et reposer chez lui, au milieu de ses souvenirs, sur le lit médicalisé installé dans son salon.
Le jour des obsèques venu, l'équipe de croque-morts se présenta au domicile. D'emblée, ils remarquèrent que toute la famille se trouvait dans la cuisine, et non auprès du défunt. Le maître de cérémonie alla les saluer et demanda l'autorisation d'accéder au salon afin d'installer le matériel. La famille se renfrogna.
— Il y a un souci, finit par déclarer le fils. Le chien de mon père lui était très attaché.
Il poussa un soupir.
— Et il est actuellement sur le lit. Il ne laisse personne approcher.
— Mais, vous n'avez pas appelé un vétérinaire ?
— Eh bien non, on ne lui veut pas de mal, vous comprenez, on le connaît depuis longtemps, et puis c'est émouvant, cet attachement à papa.
— Bon, on va aller voir.
Les croque-morts y allèrent, prudemment.
Sur le lit où le défunt reposait, il y avait un superbe chien, qui gisait de tout son long, la truffe à quelques centimètres de la joue froide de son maître, et le couvait d'un regard triste. Lorsque les croque-morts entrèrent, le chien tourna la tête vers eux, se releva, retroussa ses babines et, exhibant des crocs aussi immaculés que pointus, émit un grognement primal, de

ceux qui faisaient se serrer les uns contre les autres les premiers hommes, la manifestation brute d'un animal blessé prêt à tuer. Les croque-morts battirent courageusement en retraite. Une fois dans le hall, et après avoir vérifié qu'ils étaient à l'abri des oreilles de la famille, ils se tournèrent comme un seul homme vers le maître de cérémonie.

— Que ce soit clair, on n'est pas payés pour ça, dit l'un, qui se découvrait, après vingt ans d'une carrière paisible, des velléités syndicales.

Le maître de cérémonie regarda l'un après l'autre les membres de l'équipe.

— Vous n'allez pas me laisser seul, les gars, quand même !

— Et tu veux qu'on fasse quoi ? T'as vu le bestiau ?

— C'est juste un chien… tenta le maître de cérémonie.

— Nan, c'est pas juste un chien ! C'est cinquante kilos de muscles qu'a rien bouffé depuis deux jours et qui fixe ma jugulaire avec un air qui me plaît pas ! Vas-y, toi !

— D'accord, les gars, dit le maître de cérémonie, j'y vais.

Et il alla parler à la famille, essayant de négocier l'intervention d'un vétérinaire, de la fourrière, de tireurs d'élite du GIGN, de n'importe qui d'autre, mais pas d'une bande de croque-morts terrifiés. La famille, quoique très gentille et compréhensive, refusait toute intervention tierce, craignant par-dessus tout qu'on ne l'oblige à piquer le chien. Crainte irrationnelle, tant qu'il n'avait mutilé personne, mais qui finirait par se réaliser si personne ne faisait rien.

Pendant ce temps-là, dans le couloir, un croque-mort se rebellait.

— Il ne sera pas dit que j'aurai plié bagage devant un défunt ! Dix ans de pompes, et vingt comme fossoyeur, à creuser dès potron-minet la terre gelée des cimetières tandis que mes mains gerçaient autour du manche de ma pioche, il est hors de question que je parte la queue entre les jambes devant un clébard petit-bourgeois !

Ses collègues opinaient. Le rouge de la confusion empourprait leur front, et déjà, ils s'imaginaient devant la famille de leur collègue, expliquant qu'ils relisaient la convention collective tandis que leur copain se faisait massacrer par un lointain cousin de Fenrir. Ils décidèrent d'unir leurs forces et leur courage. *Forces* au pluriel, et *courage* au singulier.

Et ils s'en furent trouver le maître de cérémonie, lui expliquèrent leur plan, qu'il transmit à la famille, qui donna son accord. C'est que l'heure tournait, et monsieur le curé ne tarderait pas à s'impatienter.

Le plan était simple : un des croque-morts devrait attirer l'attention du chien, tandis qu'un autre traverserait la pièce pour aller ouvrir le balcon ; les deux autres et le maître de cérémonie se serviraient d'une couverture comme d'un filet pour attraper le chien et le lancer sur la terrasse ; la porte-fenêtre qui y menait lui serait vivement claquée à la gueule. La terrasse était entourée d'une haute palissade : le chien ne risquait donc pas de sauter. Les plaintes des voisins ? Ce ne serait pas leur problème.

C'était suicidaire, parfaitement idiot, et cela avait exactement une chance sur un million de marcher.

La famille s'était rassemblée dans le hall, en demi-cercle, comme les Romains aux jeux du cirque. Les croque-morts entrèrent, en se tenant à une distance raisonnable du chien qui promenait son regard de l'un à l'autre.

La tension était palpable. Quand il faut y aller, il faut…

— Un instant, s'il vous plaît, Messieurs, dit une toute petite voix.

C'était la veuve. Elle trottina à travers la pièce jusqu'à la terrasse déjà ouverte, y déposa un bol d'eau et une gamelle de pâtée, puis s'en retourna du même pas rejoindre les siens, fixée durant tout son manège par six paires d'yeux interloqués, dont une canine.

Un ange passa.

Tout se déroula ensuite très vite. Le croque-mort appât agita frénétiquement tous les jouets qui lui tombaient sous la main, sautillant et récitant le *Notre Père*, par précaution ; les trois acolytes jetèrent la couverture sur le chien, bondirent afin de l'entraver, emportèrent le paquet hurlant jusqu'à la terrasse, l'y jetèrent et en sortirent précipitamment, les battants, poussés par les deux croque-morts, claquant sur eux. Puis tout fut fini. Le chien, dépêtré de sa couverture, aboya, mais sans conviction, comme s'il s'avouait vaincu. La mise en bière et la levée de corps ne traînèrent pas.

Le reste du convoi se déroula sans incident notable.

En rentrant, l'un des croque-morts se montra soucieux. Ses collègues s'enquirent de ce qui le troublait de la sorte.

— Rien. Je compatis juste avec le malheureux qui devra se charger de libérer le chien.

Tous les membres de l'équipe se trouvèrent alors plongés dans leurs pensées, observant ainsi une parfaite minute de silence.

Hep, corbillard, vous êtes libre ?

Le véhicule roulait prudemment, sans trop savoir pourquoi. Le centre-ville était quasi désertique en cet après-midi, mais le conducteur préférait faire attention. Le hasard aime les angles morts.

Comme celui de cette camionnette de livraisons d'où surgit inopinément un distrait. Voûté, la tête basse, les yeux rivés sur son smartphone, il semblait profondément absorbé par une tâche capitale. Une tâche qui n'aurait certainement pas changé sa vie, mais qui eût pu l'abréger si le chauffeur avait manqué de réflexes. Il pila, et le véhicule stoppa net.

Pendant ce temps-là, le piéton que, par commodité narrative, nous nommerons « l'ahuri », poursuivait sa route, la petite bulle de sérénité et d'un je-ne-sais-quoi de je-m'en-foutisme qui l'entourait semblant ne même pas s'être irisée sous l'imminence du drame évité de justesse.

Le chauffeur, contrarié, ouvrit sa vitre pour invectiver l'ahuri, qui semblait totalement inconscient de sa présence. Après avoir pris une forte inspiration, le chauffeur brailla, à pleine force de ses poumons.

— Eh ! Pour ceux que j'écrase, c'est gratuit.

Les passants s'arrêtèrent net, tout alentour, pour voir ce qui se passait. L'ahuri aussi, soudain extirpé de sa bulle. Regardant le chauffeur, il sembla s'interroger un instant sur la signification de cette phrase. Puis, alors qu'il baissait les yeux sur le capot du véhicule, ses lèvres formèrent en silence les mots qui s'y trouvaient inscrits: « Pompes funèbres – 7 j/7, 24 h/24 ».

Il leva son regard, encore perdu, sur le chauffeur et sembla profondément réfléchir. Soudain, il s'illumina d'une lueur de compréhension : ses traits avachis se contractèrent en un masque de terreur, ses yeux s'exorbitèrent comme s'il avait face à lui un boss de fin de niveau particulièrement coriace sur sa console de jeux, et il bredouilla quelques borborygmes qui se voulaient des excuses.

— Bon, t'es gentil, interrompit le croque-mort, mais j'ai déjà du monde à l'arrière. Tu prendras le suivant. Tu peux dégager la route, maintenant ?

Et, sagement, l'ahuri remonta sur le trottoir.

Dans son rétroviseur, le croque-mort nota avec satisfaction que l'ahuri avait rangé son téléphone et marchait en jetant tout autour de lui des regards affolés, comme si le monde était devenu une menace.

Devoir de mémoire

L'homme était mort depuis plusieurs jours, et il était dans un état de décomposition avancé. Pour tout dire, il était épouvantable. Toute sa famille était dans le bureau de réception avec ma collègue, lorsque celle-ci sortit et vint me trouver.

— Pitié, dis-moi que le médecin a ordonné une mise en bière immédiate.

Sur la vaste table où l'on déposait les dossiers, nous trouvâmes le certificat de décès, où tout se trouvait coché en « non ».

— Ils veulent le voir, ils veulent vraiment le voir, je suis dans la mouise, déclara ma collègue.

J'en fus fort étonné : elle avait une grande expérience des pompes, et surtout, elle avait un sens inné de la psychologie. Ils doivent être vraiment têtus, pensais-je, si même elle n'y arrive pas.

Je lui proposai d'essayer d'aller les convaincre. Si sa douceur ne fonctionnait pas, peut-être fallait-il faire usage d'un peu de brutalité. Et ça, je savais faire.

Cinq minutes plus tard, j'étais debout, dans le bureau, face à la famille, le père, la mère, frères, sœurs, beaux-frères et belles-sœurs du défunt qui tous, malgré mon insistance, voulaient le voir.

Ma collègue et moi, à jouer à gentil croque-mort, méchant croque-mort, avions quand même réussi à instiller le doute.

C'est alors que le grand-père entra en scène. Assis, jusqu'à présent, sur sa chaise, il n'avait pas dit un mot, image même de la force tranquille. Il se contenta de redresser la tête, ouvrit la bouche pour parler, et le silence se fit.

— Je vais y aller pour vous, et je dirai.

Tous opinèrent aussitôt. Le vieil homme se leva, s'appuya sur sa canne, se tourna vers moi et dit simplement :

— Conduisez-moi.

Avec ma collègue, nous échangeâmes un regard : on n'avait plus le choix.

En route, j'essayai encore de le dissuader :

— Il faut que je vous explique ce que vous allez voir…

Il s'arrêta net. Me regarda droit dans les yeux. Souleva sa manche et, montrant son tatouage, dit simplement :

— J'ai sans doute vu pire à Dachau.

Pas besoin d'en dire plus. J'étais pétrifié : je m'étais entêté, moi, à lui expliquer à lui ce que c'était qu'une vision d'horreur. Honte, opprobre, que le sol s'ouvre sous mes pieds et que j'y disparaisse. Mais lui, très gentiment, faisait un peu la conversation sur le « métier difficile » qu'on faisait. Essayant de répondre sans trop bafouiller, je m'efforçai surtout de ne pas paraître trop idiot. Enfin, je veux dire, encore plus que je ne le paraissais déjà.

Nous continuâmes dans le grand couloir glacé de la partie technique. Un agent de funérailles, occupé à remplir des papiers, fut surpris de nous voir arriver. En quelques mots, je lui expliquai la situation. Il essaya de dissuader à son tour, mais, d'un geste, je lui intimai le silence. Inutile d'insister.

Enfin, dans le laboratoire. Nous sortîmes le corps sur un plateau métallique, ouvrîmes la housse, et le corps fut visible.

Le petit vieux eut un mouvement à peine perceptible. Il sembla basculer d'avant en arrière, légèrement, puis se ressaisit, et s'avança tout près du corps.

— Pauvre de toi, pauvre de toi, chuchota-t-il.

Puis, après un instant de recueillement, il remercia le collègue, se retourna vers moi et annonça :

— On peut y aller.

Nous y retournâmes donc.

Tous les regards étaient braqués vers lui lorsqu'il revint dans le bureau. Il prit le temps de s'asseoir, de boire une gorgée de l'eau que je venais de lui apporter, puis déclara simplement :

— Vous avez bien fait de ne pas venir. Je lui ai dit au revoir pour vous.

Et l'organisation des obsèques se poursuivit sans autre évènement notable.

Les risques du métier

Il y a quelques années, alors que j'étais encore célibataire, j'accompagnai des amis à une soirée dans un café-concert. Là, le coup de foudre : une jeune femme magnifique, avec laquelle je m'empressai d'engager la conversation. Rapidement, il s'avéra que nous avions beaucoup de points communs et que, manifestement, nous nous plaisions respectivement. En riant d'une plaisanterie que je venais de faire, elle me demanda :

— Tiens, au fait, je ne t'ai même pas demandé, tu fais quoi, comme métier ?

Souriant aussi, je lui répondis :

— Je travaille aux pompes funèbres.

Son sourire s'effaça aussitôt. Elle posa son verre, saisit son sac à main posé à ses pieds, se leva et partit avant que je n'aie eu le temps de dire quoi que ce soit. Je ne l'ai jamais revue.

Dix ans après, je réponds encore à l'inévitable question portant sur le pourquoi de ma profession par : « Je ne sais pas. »

In vino veritas

L'alcool, un fléau ; en tout cas pour le foie de cette brave dame, constamment assoiffée, que la Dive Bouteille avait menée des échoppes des cavistes droit vers la morgue. Nous la menions donc vers le cimetière, où elle rejoindrait son défunt époux avec qui, de son vivant, elle avait partagé une vive passion des spiritueux. Le maître de cérémonie connaissait la famille, puisqu'il en avait inhumé la plupart des membres, sans qu'un muscle de son visage tressaille au contact des vapeurs éthyliques qui montaient du cercueil lors de la mise en bière.

Moi, je le suivais comme un petit chien excité : j'avais récemment fait mes preuves et j'avais obtenu le droit d'acquérir auprès du maître ès funéraire les connaissances indispensables à faire de moi un maître de cérémonie convenable.

À la mise en bière, j'avais eu un doute.

À l'entrée à l'église, j'avais eu un doute.

Scrutant attentivement les deux fils de la défunte lors de la sortie de l'église, tous deux encadrés par leurs épouses et marmailles respectives, je me penchai vers mon instructeur et lui demandai :

— Arrête-moi si je me trompe, mais… ils sont fin saouls ou quoi ?

Lui, impassible, tourna vers moi son œil empli de malice et répondit :

— C'est bien l'impression que j'en ai aussi.

C'était flagrant, lorsqu'on s'y attardait un instant : les deux hommes ne tenaient debout que parce que chacun était contenu d'un côté par l'épouse, digne et froide, et de l'autre côté par son rejeton aîné, lorsque tangage et roulis se faisaient trop prononcés.

Puis nous nous apprêtâmes à nous acheminer vers le cimetière. La distance à parcourir était d'approximativement trois cents mètres.

L'un des frères s'approcha alors du maître de cérémonie, qui sembla acquiescer de la tête, et s'éloigna. Une fois dans le corbillard, je lui demandai de quoi il avait été question. Il me répondit tranquillement :

— Ils m'ont dit qu'ils auraient quelques minutes de retard. Comme il fait chaud, ils ont soif et vont à l'estaminet non loin pour prendre un verre d'eau.

Nous les attendîmes un quart d'heure. Uniquement les fils de la défunte, d'ailleurs. Leurs épouses blasées, et leurs marmailles aussi, attendaient sagement au cimetière le retour des frères.

Enfin, bras dessus bras dessous, comptant mutuellement l'un sur l'autre pour parvenir jusqu'à la tombe, arrivèrent les deux frérots. On les avait sentis arriver de loin, les relents d'alcool se faisant de plus en plus forts au fur et à mesure de leur progression.

Je prêtai à peine attention au maître de cérémonie durant le cérémonial d'adieu, tant j'étais fasciné par le ballet oscillatoire des deux hommes, et pariai sur qui tomberait en premier. Ce fut l'aîné. Soudain, il bascula en arrière et tomba dans la haie qui se dressait derrière lui. Il fit signe à son fils, qui déjà se précipitait vers lui, que tout allait bien, et resta ainsi, suspendu dans cette béquille végétale improvisée, dorénavant concentré à essayer de comprendre les mots qui étaient prononcés.

La bénédiction fut à l'avenant. Chacun des deux frères, toujours encadrés par épouses et marmailles, s'approcha du cercueil, visa soigneusement avec le goupillon et traça le signe de la croix avec l'eau qui rappelle le baptême, comme il est de coutume. L'un y parvint à moitié. L'autre arrosa le maître de cérémonie, dont le stoïcisme aurait suscité l'admiration de l'observateur le plus sourcilleux.

Le moment que nous redoutions arriva.

Après la bénédiction, nous inhumâmes le corps. Ce fut alors le moment du « dernier regard », moment où les proches passent à tour de rôle au bord de la fosse pour dire au revoir. Ce moment s'accompagne d'une pratique assez répandue, le lancer de fleurs olympique : on jette une rose, ou une autre fleur, en essayant d'atteindre le cercueil.

Cela implique de s'approcher dangereusement du bord du trou. Le premier frère lança une rose au hasard. Elle atterrit sur la bordure de la fosse. Il semblait vouloir se pencher, au-dessus du vide donc, pour la ramasser et retenter sa chance, lorsque son fils, sentant venir le drame, plongea, attrapa la fleur et la lança. L'homme le remercia d'un hochement de tête, laissa la place à son frère et s'effondra sur un Christ de pierre ornant une tombe voisine, qui ne protesta pas.

L'autre frère, vaguement conscient d'avoir loupé le cercueil lors de l'aspersion, se concentra soigneusement. Un œil fermé, il visa, tira et sa rose se retrouva sur le couvercle du cercueil. Vaguement fier, il lança :

— Bon, ben salut, maman !

L'autre surenchérit :

— Ouais, salut, maman, à une prochaine, hein !

Puis le maître de cérémonie s'avança pour leur donner les papiers.

— Ouh là là ! Voyez ça avec nos épouses, hein ! Nous, la paperasse…

Nous prîmes congé.

En sortant du cimetière, nous vîmes les deux orphelins aller honorer la mémoire de leur mère dans l'estaminet voisin.

Bienvenue

Arrivé en avance à la morgue de l'hôpital. Parking désert.
J'attends devant la porte. Une main dans la poche, l'autre tenant un gobelet de café. Cigarette au bec.
Il ne fait pas très chaud.
Voilà le chef, il est seul dans le corbillard.
Un autre collègue se gare juste derrière.
Tous les trois, nous entrons dans la morgue. L'employé nous ouvre le frigo en parlant des derniers potins dans le petit milieu de la mort.
Sur le brancard, le corps est enveloppé dans un drap taché de sang et de fluides corporels.
Je découvre le visage. J'aime bien savoir à qui j'ai affaire.
Le visage de la femme est enflé, rouge, sa bouche et son nez sont remplis de sang coagulé.
L'agent de morgue nous explique qu'à un jour près il la congelait, pour éviter que la vermine n'envahisse ses frigos.
Nous la mettons dans le cercueil.
On charge le cercueil dans le corbillard.
On va au cimetière. Chacun prend sa voiture pour pouvoir rentrer chez lui directement après.
Arrivés au cimetière, le gardien nous jette à peine un regard, et nous fait signe d'avancer vers le carré, au fond du cimetière.
Sur place, trois fossoyeurs. On s'en étonne. Ils nous expliquent que c'est pour boucher le trou plus vite, avant la fermeture.
On fait ça tôt le matin, ou tard le soir, quand il n'y a personne.

On décharge le cercueil.
On l'emmène au-dessus du trou et on le place sur des bois.
On soulève, un fossoyeur enlève les bois, on descend. Il est en place. On retire les cordes.
On s'éloigne, à deux mètres, on s'allume une cigarette.
Quelqu'un fait un calembour. Tout le monde ricane.
Un instant de flottement.
Quelqu'un dit :
— Voilà, encore un flottement.
Quelqu'un dit :
— C'est dur, quand même, de finir comme ça.
Quelqu'un dit :
— Il y en a de plus en plus.
Flottement. Quelqu'un devrait dire quelque chose, mais personne ne sait quoi.
Les fossoyeurs bouchent le trou. Au rythme où ils vont, ils auront fini avant qu'on soit arrivés à la sortie de l'immense cimetière.
En sortant, je regarde ma montre. Sept minutes.
On va boire un café, on passe au bureau travailler un peu. On parle d'autres choses. On a déjà oublié.
Bienvenue à la fosse commune.

Une question de timing

Un jour, j'inhumais une vieille dame dans un cimetière breton. La façon dont ses proches réagissaient au deuil donnait l'impression qu'ils ne s'en souciaient guère.
Nous avions installé le magnifique cercueil en acajou qu'elle s'était offert dans son contrat obsèques avec son immense fortune parmi les bouquets de fleurs bon marché que les membres de sa famille avaient apportés dans leur Audi.
J'attirai leur attention par les mots classiques.
— N'hésitez pas à vous approcher, Mesdames, Messieurs, pour entourer Mme X de toute votre affection.
Ils approchèrent donc et entourèrent Mme X d'un air d'ennui profond.
— Dans un premier temps, nous réciterons quelques prières pour dire adieu à votre maman. Puis nous observerons un moment de silence, avant le geste d'adieu. Enfin, nous procèderons à l'inhumation, avant d'effectuer le dernier regard.
La petite vingtaine de personnes, filles, fils, gendres, brus, petits-enfants, me regardèrent comme si je leur avais annoncé l'arrivée imminente d'une soucoupe volante.
Le fils aîné se dirigea vers moi et dit alors à haute et intelligible voix :
— Vous pourriez nous faire la version courte ? Parce qu'on a rendez-vous chez le notaire, pour la succession, juste après.

Le sens de la formule

— Chéri, demande l'épouse du croque-mort, j'apprécie tout à fait que tu conduises prudemment, mais un petit peu plus vite, ça serait possible ? Je vais rater le train pour aller voir ma mère.
— Non, ce n'est pas possible, je suis de permanence.
— Oui, et alors ?
— Alors ? Si on a un accident et qu'on se tue, c'est moi que les gendarmes vont appeler pour venir nous chercher.

Vil brequin !

C'était pendant la fermeture du cercueil. La famille avait pris les devants et était déjà partie vers l'église : il était compliqué de se garer dans le quartier. Les croque-morts avaient recouvert le défunt de son linceul, posé le couvercle et inséré les vis. La boîte était donc désormais close, et tout était prêt à partir.

Mais les croque-morts, désespérés, cherchaient partout leur vilebrequin.

— Il est où ?

— Mais c'est toi qui l'avais !

— Pas question qu'on parte sans, sinon, je vais encore me faire mal voir, ajouta le maître de cérémonie.

La semaine précédente, il avait oublié des tréteaux au cimetière, et la semaine d'avant, il avait égaré un bénitier.

L'un dit :

— Bon, reconstituons les faits : qui a fait quoi ?

— Eh bien, moi, je l'ai apporté.

— Oui, et ?

— Il y avait des fleurs partout, alors je l'ai posé dans le cercueil.

Palabres, palabres. Il fut décidé d'aller chercher dans le corbillard le tournevis de secours – qu'on eut du mal à trouver parce qu'il était dans une vieille boîte sous le siège – et d'ouvrir le cercueil afin de voir si le vilebrequin y était. Les vis, bien serrées, résistèrent un peu, mais finirent par se dégager. On souleva le couvercle.

On vit le vilebrequin.

Les croque-morts se congratulèrent – mais dignement, on était en présence d'un mort, tout de même –, refermèrent la boîte, et s'apprêtaient à partir lorsqu'ils remarquèrent l'un d'entre eux l'air soucieux dans un coin. Ils s'enquirent de ce qui le préoccupait ainsi. Ce dernier demanda qui avait fermé le cercueil la première fois. Personne ne se le rappelait avec exactitude. Ils lui demandèrent pourquoi il posait cette question.

— Pourquoi ? Eh bien, tout simplement, parce que j'aimerais savoir comment il a fait pour serrer les vis sans ce satané vilebrequin !

Note : après avoir fait lire cette histoire à quelques proches, il me semble important d'insister sur deux points. Premièrement : oui, elle est authentique, absolument authentique. Deuxièmement : non, je ne sais pas.

Casque bleu

Concrètement, la famille se divisait en deux camps : celui du fils et celui de la fille du défunt, qui ne s'approchaient jamais à moins de dix mètres. Dix mètres d'espace vide que le maître de cérémonie et l'équipe de porteurs auraient aimé voir remplis de deux ou trois compagnies de CRS, au minimum.

La haine sourdait de chacun des groupes, qui se lançaient des regards d'une hostilité remarquable, pas d'un banal courroux dont on foudroie le sous-homme qui a osé se garer sur la place de stationnement que vous aviez repérée, non, la hargne pure, la détestation au plus haut degré, celle que pourrait éprouver, disons, un végétarien militant pour la corrida.

Les leaders de ces groupuscules de guérilleros potentiels étaient donc frère et sœur. Leur ressemblance était d'autant plus frappante qu'ils se lançaient le même regard chargé de promesses de meurtre.

De temps à autre, en marge des groupes, l'un s'aventurait près de la sphère intime des autres, et aussitôt les interjections volaient :

— Mais qu'est-ce qu'il (ou elle) fait ici, lui (ou elle), à nous empuantir l'air ?

Oui, tout était dans le raffinement et la componction.

La mise en bière donna lieu à un jeu de stratégie grandeur nature pour le maître de cérémonie, puisque chacun voulait y assister, chose fort rare par ailleurs. Mais aucun membre d'une tribu n'acceptait de se trouver dans la pièce en même temps qu'un de ses adversaires. Des compromis durent être trouvés, de même qu'à la fermeture du cercueil. Seuls y assistèrent, pour finir, un représentant des deux enfants, chacun se tenant dans un coin de la pièce et ne faisant qu'en souligner l'exiguïté, évitant soigneusement de regarder l'autre, et, ce faisant, scrutant attentivement les moindres faits et gestes des croque-morts qui, quoique rompus aux situations tendues, se sentaient mal à l'aise. Le maître de cérémonie se tenait entre les deux représentants, occultant du mieux qu'il pouvait une furtive vision fraternelle qui eût pu être jugée offensante et déchaîner une bataille sanglante. L'un sortit d'abord, suivi de l'autre, qui attendit un moment, s'assurant ainsi que le premier avait eu le temps de couvrir une distance suffisante.

Chacun s'achemina ensuite de son côté vers l'église.

Le frère, accompagné de tout son clan, entra le premier dans l'édifice. D'emblée, ils tentèrent d'occuper les sièges du premier rang de part et d'autre du cercueil, mais le maître de cérémonie leur coupa l'herbe sous le pied : il les fit d'autorité tous asseoir à gauche. Puis vint la sœur, avec sa tribu : voyant les rangs de gauche occupés par le fraternel objet de son courroux, ils allèrent s'asseoir d'office à droite.

La cérémonie fut relativement brève : chacun des enfants avait souhaité, au départ, rendre hommage à son père, de la part de son meilleur enfant. Mais le curé, un vieux sage ayant dû recevoir la famille en deux rendez-vous qui aboutirent à des décisions totalement contradictoires, avait tranché : il déciderait de la cérémonie, et seuls les amis ne prenant pas part au conflit seraient autorisés à prendre la parole. Ce fut donc l'ami d'enfance du défunt qui vint faire son éloge, un vieillard digne, qui sut faire tour à tour rire et pleurer l'assemblée avec des anecdotes amusantes. Il parlait aisément et, pourtant, à la fin, il sembla vouloir dire quelque chose. Mais il se ravisa, bafouilla un peu, avant de se reprendre et de conclure par un adieu plein d'émotion.

Plus tard, il confierait au maître de cérémonie avoir voulu ajouter un mot sur les enfants du défunt, qu'il aimait autant l'un que l'autre, et qu'il aurait voulu les voir réconciliés, mais que, devant l'expression de leur visage, il avait jugé sage de s'abstenir. Rétrospectivement, il s'était dit qu'il avait bien fait.
Puis chacun se leva pour aller faire le geste de l'adieu. Le protocole était simple, ceux qui étaient assis à droite se levaient, allaient prendre le goupillon dans le bénitier qui se trouvait à droite du cercueil, puis contournaient leur rang, pour se diriger vers la sortie, et ceux qui étaient à gauche, faisaient la même chose, avec un bénitier placé à gauche du cercueil.
C'était une crémation. La famille, dans ce cas, bénissait aussi à l'église.
Comme d'habitude, lorsqu'il y avait du monde, et il y avait du monde, un léger désordre régnait autour du cercueil, les derniers à se lever se mélangeaient à la famille debout et à ceux qui s'étaient attardés pour présenter leurs condoléances. Un léger brouhaha se faisait entendre, qui s'interrompit brusquement.
Le maître de cérémonie réalisa alors que le drame tant redouté allait survenir.
Chacun de son côté du cercueil, face à face, le frère et la sœur. L'on aurait dit un de ces miroirs amusants qui déforme, et qui aurait eu le pouvoir de renvoyer à qui s'y mirait un portrait du sexe opposé. Même couleur de cheveux, d'yeux, mêmes conformations du visage, même air de haine brute, même yeux assassins dans un regard blême.
Honnêtement, nul ne pourrait jurer aujourd'hui qui insulta l'autre le premier. Qui cracha sur l'autre en premier. Quelle gifle fut la première, et laquelle fut une réponse. Les traits déformés par l'abjection, ils se cramponnaient chacun fermement au col de l'autre, tentant une forme de strangulation menaçante. Plus personne n'existait pour eux, pas plus que le

cercueil au-dessus duquel ils s'empoignaient, et qui contenait le cadavre de leur père.
L'assemblée était tétanisée, le vieux prêtre jetait des regards hagards, répétant à l'envi :
— Pas dans la maison du Seigneur, pas dans la maison du Seigneur !
En vain. Ils n'entendaient rien, ne voyaient rien, agrippant tout ce qui se présentait de l'autre et s'envoyant des coups en pleine église.
Le maître de cérémonie intervint fermement, mais rien n'y fit. Impérieusement, il enjoignit aux membres de la famille de les séparer. Ceux-ci se saisirent des belligérants et, à force d'efforts et de clefs savantes, ils parvinrent à les séparer.
L'on aurait pu penser que, revenus à la raison, les deux combattants se retrouveraient piteux, confus et honteux. Mais rien de cela. Ils durent être sortis de l'église, chacun par une porte différente, sans avoir, finalement, dit au revoir à leur père.
Le maître de cérémonie s'inquiétait à présent pour le vieux prêtre. Assis sur une chaise, celui-ci affichait une pâleur de mort et répétait sans cesse :
— Aux obsèques de leur propre père, dans la maison de Dieu !
En état de choc, il dut être hospitalisé pour un léger malaise, puis se retira dans une maison de retraite : célébrer la messe, après ce qu'il avait vu, lui semblait désormais vain.
Les employés du crématorium, eux, ne s'embarrassèrent pas de fioritures : ayant été prévenus, ils étaient six pour accueillir la famille et les séparer pendant le départ en salle de vision, après avoir annoncé d'emblée que, si quelqu'un s'avisait ne serait-ce que de lever un sourcil, ils appelleraient la police. La menace des foudres divines n'y avait rien fait ; celle du Taser fonctionna, elle, merveilleusement.

À MÉDITER

La journée ? Elle fut atroce. C'est une aberration statistique des pompes funèbres : tous les pires dossiers semblent tomber en même temps. Le croque-mort, ce soir-là, rentra tard chez lui, épuisé et impatient de se vautrer dans son canapé pour y jouir d'un repos bien mérité. Mais c'était sans compter sur sa conjointe. Furieuse, celle-ci l'agonit de reproches, une vague histoire de vaisselle pas faite, de poubelle pas sortie, les petits motifs de dispute futiles du quotidien.

Le croque-mort allait répliquer vertement lorsqu'il repensa à sa journée. Ce petit jeune qui avait été renversé par une voiture, cette jeune femme emportée par un cancer fulgurant, et la troisième, une femme, l'âge de la sienne, morte dans sa baignoire d'une hémorragie cérébrale tandis que son mari jouait avec leurs deux enfants, tous les trois inconscients du drame.

Tout ce qu'il trouva à dire fut : « Je t'aime, ma chérie. »

Bach avec mention

C'était un hommage civil, simple et sans fioritures : une musique d'introduction, un mot d'accueil, un court poème, encore un petit passage musical, un court texte, mot de fin et geste d'adieu sur un troisième morceau. Le genre d'adieu que n'importe quel maître de cérémonie devrait être capable de mener au pied levé. Dans l'intimité familiale, de surcroît.
Et celui-là en était capable. Il jeta un coup d'œil à ses textes : « Demain, dès l'aube, à l'heure où blanchit la campagne ». Oui, classique. Et l'autre ? « Je ne suis pas mort, je suis simplement passé dans la pièce d'à côté. » *Le* classique des classiques. Il reposa sa feuille et s'amusa à se le réciter par cœur, juste comme ça, pour rien. Puis il se dirigea vers le hall, prêt à accueillir la famille lorsqu'elle se présenterait.
Ce qu'elle fit précisément à l'heure prévue. Le maître de cérémonie aimait les gens ponctuels, d'autant plus qu'il avait eu une semaine chargée, et encore beaucoup de travail qui l'attendait.
La cérémonie commença donc. Le maître de cérémonie, extrêmement concentré, ne laissait rien paraître, et disait ses textes d'une voix douce et calme.
Puis il lança la musique.
Un concerto de Bach.
Cela fait, il se recula d'un pas, et s'appuya discrètement sur le meuble, derrière lui. Puis, sachant le morceau relativement long, il écouta. Distraitement d'abord, puis de plus en plus attentivement. C'était bien, Bach, quand même : à la fois

calme et profond, mélancolique tout en gardant une certaine énergie… Et si reposant, au milieu de cette semaine animée.
Il entendit un chuchotement. Les gens se parlaient entre eux, à voix basse, en lui jetant des coups d'œil furtifs. Quel était le problème, au juste ?
Tiens, mais au fait, pourquoi soudain la musique s'était-elle arrêtée ?
Puis le puzzle se mit en place très vite. Au début, il ne voulait pas du tout y croire, mais si, l'évidence était là : il s'était purement et simplement assoupi, debout, au milieu d'une cérémonie. Longtemps ? Il était incapable de le dire. Priant pour que ça n'ait pas duré des heures, il entama « Je ne suis pas mort, je suis simplement passé dans la pièce d'à côté », enchaîna sur le mot de fin, et invita la famille au geste d'adieu.
Quand tout fut fini, il retrouva la famille dans le hall d'accueil. L'instant était gênant, et c'est la veuve qui vola à son secours, de manière inattendue :
— Merci, merci beaucoup. Et merci pour l'attention : les minutes de silence sont si courtes généralement, c'est vraiment aimable à vous de ne pas l'avoir bâclée.

30 millions d'amis

En cette délicate matinée printanière où la fraîcheur n'était que les prémices d'une chaleur agréable sans être étouffante, trois véhicules automobiles de marque allemande aux prestations cossues vinrent se garer devant l'agence des pompes funèbres. Le croque-mort qui buvait tranquillement son café tout en parcourant le journal se fit la réflexion que l'argent ne devait pas manquer à ces personnes. Il s'agissait de trois femmes se ressemblant fortement, l'une, plus âgée, devant être la mère des deux autres. Toutes trois étaient manifestement habillées par un grand couturier et leurs tenues laissaient supposer qu'elles n'avaient pas besoin de travailler. En même temps, elles semblaient vouloir mettre une distance avec leurs origines bourgeoises. Pour simplifier, c'étaient sans doute ce qu'on appelle des « bobos ». La rebelle de la famille se remarquait à ceci que sa voiture était un cabriolet BMW M3, tandis que sa mère et sa sœur roulaient sagement en Mercedes : coupé CLK pour la fille, classe E pour la mère. On aurait dit que leur esthéticienne avait obtenu un diplôme de peinture en bâtiment avant de s'orienter vers un métier plus féminin. Toutes trois semblaient avoir combattu leur âge avec la même ferveur désespérée : une bonne cinquantaine d'années pour les filles, environ quatre-vingts ans pour la mère. Et toutes trois arboraient le masque de douleur d'un deuil profond. Elles entrèrent dans l'agence. Le croque-mort les accueillit, les installa dans le salon de réception des familles puis, après s'être assuré de leur bien-être, il s'enquit des raisons exactes de leur venue.

Le croque-mort : — Que puis-je pour vous, Mesdames ?
La mère et les filles : — Ouin ! Ouin !
Le croque-mort : — Je comprends, Mesdames. Prenez votre temps. Nous allons faire en sorte ensemble de rendre à votre défunt l'hommage qu'il mérite.
La mère : — Oui, Monsieur, je compte sur vous. *(sanglots déchirants)*
Le croque-mort : — Avant toute chose, j'aurais besoin de prendre quelques renseignements d'état civil, cela en vue des démarches. Excusez-moi par avance si ces questions vous semblent abruptes. Comment se nommait le défunt, s'il vous plaît ?
La mère et les filles en chœur : — Wouf-Wouf. *(sanglots susceptibles d'inspirer des sentiments humains même à un robot)*
Le croque-mort : — Je comprends, Mesdames, prenez votre temps.
(Un blanc)
La première fille *(celle à la Mercedes)* : — Que souhaitiez-vous savoir d'autre ?
Le croque-mort : — Eh bien, son nom, dans un premier temps.
La seconde fille *(miss BMW M3)* : — On vous l'a dit !
La première fille : — C'est Wouf-Wouf !
La mère : — Mon pauvre Wouf-Wouf !
Le croque-mort *(interloqué)* : — Wouf-Wouf ? Euh… Et, si je puis me permettre, quel était votre lien de parenté avec ce M. Wouf ?
La mère : — C'était mon fidèle compagnon, mon petit chien, mon Wouf-Wouf adoré !
La seconde fille : — Un yorkshire.
La première fille : — Avec un magnifique pedigree.
Le croque-mort : — … ?
La mère et les filles : — … ?
Le croque-mort *(gardant un admirable sang-froid malgré une tension intense à peine trahie par le tremblement de son stylo-bille)* :

— D'accord. Et que souhaitiez-vous au niveau des volontés essentielles ?
La mère : — Je voudrais, pour mon Wouf-Wouf, un beau cercueil, laqué blanc, dans lequel il pourrait reposer, près de moi, jusqu'au jour où je partirai.
Les filles, en chœur : — Non, maman, ne dis pas ça !
La mère : — Si, mes petites filles adorées, un jour je partirai, c'est ainsi, et il faudra que vous appreniez à vous débrouiller sans moi. Bref, son cercueil reposera sur des tréteaux près de mon lit. Ainsi, il dormira près de moi, comme il avait l'habitude de le faire. Vous pouvez rendre un cercueil étanche, non ?
Le croque-mort : — Un cercueil hermétique ? Oui, bien sûr. Donc, je récapitule : vous voulez un cercueil pour votre chien.
La mère : — Oui.
Le croque-mort : — Blanc laqué.
La mère : — Oui.
Le croque-mort : — Qui sera déposé près de votre lit.
La mère : — Oui. Et il sera enterré avec moi quand je mourrai. D'ailleurs, je reviendrai vous voir pour faire un contrat obsèques en ce sens.
Le croque-mort : — Mais, et pour la livraison, la mise en bière, il faudra un corbillard, et du personnel !
La mère : — Évidemment ! Je veux tout ça. Ne vous en faites pas pour le budget, ce n'est pas un problème. Et je paie d'avance. Vous prenez l'Amex ?
Le croque-mort : — Euh… On n'est pas équipé pour…
La mère : — Aucune importance. J'ai une autre carte bleue. Ne vous inquiétez pas : la mienne n'est pas plafonnée.
Le croque-mort : — Il faut que je passe un appel, pour la logistique. Je vous laisse un petit instant, Mesdames…
Dans le bureau, par téléphone, le croque-mort explique la situation à son chef.

Le chef: — Donc, elle veut des obsèques pour son chien?
Le croque-mort: — Oui.
Le chef: — Elle paie d'avance?
Le croque-mort: — Oui.
Le chef: — Et elle revient te faire un contrat obsèques?
Le croque-mort: — Oui.
Le chef: — Ne bouge pas, j'appelle l'avocat.
Le croque-mort attendit en préparant, sur son ordinateur, un devis détaillé. Le chef le rappela quelques minutes plus tard, hilare.
Le chef: — Bon, fonce. Tout ce qu'elle veut, tu vends. Il n'y a rien d'illégal. Tout ce qui craint, c'est ta réputation. Mais je connais ta conscience professionnelle: tu ne laisseras jamais tomber une famille qui traverse une telle épreuve. Bon, allez, bon courage, hein!
Le croque-mort raccrocha, affligé. Aucun doute – il les entendait au fond –, ses collègues du bureau central n'avaient pas perdu une miette de la conversation. C'est le cœur lourd et le devis en main qu'il se leva et retourna auprès de la famille.
Ces dames choisirent un cercueil laqué blanc qui était utilisé pour les jeunes enfants, dans lequel on disposa un cercueil en zinc hermétique muni d'un filtre à air avec un capiton de satin blanc, un linceul, un petit oreiller, et les initiales W.W. brodées en lettres d'or. Sur le couvercle du cercueil, une plaque indiquait « Wouf-Wouf 1991–2008 », ladite plaque n'étant pas assez grande pour y inscrire le pedigree complet. On prévit également un petit crucifix. À ce moment-là, le croque-mort se demanda si le chien avait reçu l'extrême-onction et quel genre de péchés il avait bien pu confesser. Le cercueil serait livré en corbillard par un maître de cérémonie, qui procéderait à la mise en bière, au scellement du cercueil hermétique et à un recueillement pour la famille.

Rendez-vous fut pris d'urgence pour le lendemain par le croque-mort lorsque la famille demanda s'il ne serait pas plus prudent de procéder à des soins de conservation. Mieux vaut un chef hilare qu'un thanatopracteur persuadé qu'on se fiche de lui.
Ce qui avait rendu les choses si simples et rapides, c'était surtout la totale absence de démarches administratives. Le croque-mort se demandait toutefois s'il n'aurait pas dû prévenir les autorités. Le jour de l'enterrement de la dame, on pourrait poser des questions gênantes sur le second cercueil qui serait descendu en terre.
Le croque-mort songea un instant à la tête du policier chargé de la pose des scellés sur les cercueils lorsqu'on lui demanderait de venir pour un chien, à celle de la responsable de l'état civil de la mairie quand on lui demanderait le prix de la taxe d'inhumation canine, et préféra s'abstenir. Quand le jour viendrait, il se retirerait dans un monastère au Tibet, pour éviter qu'on ne le retrouve.
La dame paya, ajouta une commande de plusieurs centaines d'euros de fleurs fraîches, et partit dignement, soutenue par ses filles dévouées et tout aussi éplorées.

Fourrière

La cérémonie se déroulait bien. Impeccablement bien, d'ailleurs. La famille, au premier rang, pleurait bien, et les yeux des membres de l'assistance, fort nombreuse – la maîtresse de cérémonie avait vu en venant que le parking était comble –, arboraient un rouge de circonstance.

Elle fit sa transition, sans se démonter, d'une voix calme et maîtrisée. Puis elle envoya la musique. Pendant le morceau, elle vit un de ses collègues, dans l'alcôve qui servait autrefois de cabine de sonorisation, lui faire des signes frénétiques.

Discrètement, elle se dirigea vers lui, craignant qu'à force de gesticuler ainsi il ne finisse par se faire mal.

Il faut que je vous précise : il existe une règle d'or, non écrite, non même formulée, mais tacite et évidente, lorsqu'on y réfléchit, qui est que jamais, sous aucun prétexte, l'on ne dérange un maître de cérémonie en train d'officier.

La maîtresse de cérémonie s'enquit donc du message à ce point urgent qu'il avait été nécessaire de déroger à cette règle. Il lui fut délivré et elle en conçut un grand trouble.

Elle s'en retourna à son pupitre et attendit que la musique prît fin. Lorsque le morceau se termina, elle appuya sur le bouton d'arrêt et releva la tête. Elle se dirigea vers la famille et leur expliqua brièvement. Puis, au micro dans un silence à peine interrompu de quelques sanglots, d'une voix qui semblait toujours aussi calme, elle prit à nouveau la parole.

— Nous allons poursuivre notre hommage à Monsieur Mitchell en écoutant un poème, qui sera lu par sa petite-fille Hildegarde.
Elle marqua un silence, puis…
— Pendant ce temps, le propriétaire du véhicule stationné dans l'entrée de l'entreprise d'à côté est prié de bien vouloir déplacer son véhicule, il gêne la sortie des camions. Merci.
Des yeux clignèrent, surpris par cette irruption d'un réel si pragmatique dans ce moment d'éternité. Enfin, un homme se leva et, plié en deux, essaya d'atteindre la sortie en se rendant invisible aux trois cents paires d'yeux qui le fixaient, irrités ou goguenards.
Il ne revint pas assister à la fin de la cérémonie.

Argument fumeux

L'équipe de pompes funèbres était arrivée sur les lieux pour procéder à l'enlèvement de deux corps. Trois heures du matin, réquisition. Un incendie, deux morts, la routine. Presque : le gendarme avait été trop optimiste, et l'équipe attendait que les pompiers donnassent leur feu vert ; il fallait s'assurer que la maison, ou ce qu'il en restait, fût sans danger.

Les gendarmes avaient expliqué aux croque-morts que le frère du défunt avait été prévenu et qu'il comptait se transporter sur place.

— Se transporter sur place ? demanda un jeune croque-mort, dont c'était la première semaine de travail.

— Ça veut dire qu'il arrive, en langage gendarme, traduisit un aîné.

Puis les pompiers proposèrent de disposer eux-mêmes les corps dans les housses et de les sortir à l'extérieur. Le capitaine craignait l'effondrement et ne voulait pas avoir à expliquer pourquoi des civils avaient reçu quelques tonnes de maison sur la tête en sa présence.

Ce fut sur ces entrefaites que le frère du défunt arriva. Il se présenta benoîtement à un gendarme qui interdisait l'accès de la zone aux hypothétiques curieux insomniaques. Le gendarme l'envoya aux croque-morts.

Le frère était franchement antipathique. Pas dans son attitude, mais quelque chose en lui faisait qu'on éprouvait à son endroit une vive aversion. Il avait l'air chafouin, pour tout dire. Le frère se présenta poliment aux croque-morts et s'enquit de la suite.

Le chef d'équipe lui expliqua calmement qu'il devait leur indiquer où transporter les corps, et se rendre le lendemain matin aux pompes funèbres de son choix pour régler les modalités.
— Oh, ce sera une crémation, je pense, dit le frère.
Puis il jeta un coup d'œil autour de lui, sur la nuit clignotant du bleu des gyrophares, les pompiers qui s'activaient dans les décombres fumants de la maison, les gendarmes en treillis qui procédaient aux constatations, et enfin sur les housses blanches qui contenaient les restes de son frère et de sa belle-sœur, avant de poursuivre, à haute et intelligible voix :
— Mais vous me ferez un prix, parce que le travail est déjà bien entamé.
Le silence qui s'ensuivit pouvait être qualifié de mortel.

Inquiétude

À quelques heures de la cérémonie, le marbrier rentre du cimetière.

— Alors, le caveau est bien ouvert ?

Sa totale décontraction laisse le conseiller funéraire des plus inquiets.

— Oui, c'est ouvert. Mais c'est étroit et je ne sais pas si le cercueil va rentrer. On verra bien, hein !

Bien (trop) souvent entendu

— Donc, tu travailles aux pompes funèbres ?
— Oui.
— Mais... Mais... Tu as déjà vu des morts, en vrai ?

Les obsèques de Wouf-Wouf

Le lendemain. Domicile de la maîtresse du chien. 14 h 30. Temps clair, ciel dégagé, hormis quelques nuages de traîne. L'on avait déploré quelques averses au matin, mais le temps avait tourné au beau.
Le croque-mort n'avait pas pu résister à l'envie d'assister à la mise en bière de Wouf-Wouf. Avec lui, un chauffeur-porteur, qui avait été choisi parmi les anciens pour son expérience et son côté pince-sans-rire. Un fou rire irrépressible eût été, en effet, du plus mauvais aloi.
La porte s'ouvrit et les trois femmes apparurent. Faisant fi de leur habituelle excentricité, elles s'étaient vêtues de noir.
Les deux croque-morts furent introduits dans une immense entrée. On leur fit traverser une grande salle à manger et ils arrivèrent dans un salon cossu et feutré, au centre duquel, sur un guéridon, était disposé le panier de Wouf-Wouf. Des relents putrides commençaient déjà à flotter dans l'atmosphère.
— Je lui ai fait sa toilette et son habillage moi-même, précisa la maîtresse.
En guise d'habillage, Wouf-Wouf portait un collier et un petit manteau pour chiens ridicule. Tout autour gisaient ses jouets et, un peu plus loin, sur une table basse, un petit autel était préparé, décoré de clichés de Wouf-Wouf et de ses maîtresses, photographies figées d'un bonheur enfui. Un des croque-morts se demanda s'il ne fallait pas prévenir l'asile d'aliénés. Un coup d'œil à son collègue lui fit comprendre que ce dernier se

mordait violemment l'intérieur des joues pour ne pas exploser de rire et se concentrer sur la douleur.

C'est avec la solennité qui s'impose que le porteur apporta le cercueil et l'ouvrit. Tout aussi solennellement, les deux croque-morts préparèrent la bière. Le porteur enfila alors des gants, prit le petit chien, l'installa dans la boîte, tête sur l'oreiller, le recouvrit du linceul et, ayant fini, fit un discret signe au maître de cérémonie. Celui-ci annonça qu'ils allaient se retirer afin de laisser les proches se recueillir, avant de revenir procéder à la fermeture.

Ils sortirent. Attendirent. Évitèrent par-dessus tout de se regarder. L'apoplexie n'était pas loin.

Le soleil poursuivait, imperturbable, sa course dans l'azur immaculé.

Puis vint l'heure de la fermeture.

Les deux hommes revinrent donc dans le salon. Le maître de cérémonie annonça la fermeture. La maîtresse, en larmes, se rua alors sur le cercueil. Elle couvrit le petit cadavre velu de baisers et de caresses, tandis que, derrière elle, ses deux filles gémissaient en se tordant les mains, avec une ferveur qui eût laissé la pleureuse professionnelle la plus expérimentée pantoise. Puis les filles empoignèrent leur mère chacune par un bras, reculèrent et firent un signe d'acquiescement aux deux croque-morts écarlates qui bénissaient la pénombre.

Les deux agents s'affairèrent alors autour de la petite boîte, recouvrirent le visage – pardon, la truffe – avec le linceul, le replièrent par-dessus les volants du capiton, puis posèrent le couvercle et commencèrent à coller. À ce moment d'intensité, l'on se serait cru dans une salle de cinéma projetant *Titanic* remplie d'adolescentes prépubères au moment où DiCaprio meurt (je m'excuse auprès de nos amis extraterrestres qui n'auraient pas vu *Titanic* et auxquels je viens de raconter la fin). En un mot, elles pleuraient beaucoup.

Le cercueil en bois laqué blanc était muni d'un cercueil en zinc glissé à l'intérieur. Et la colle spéciale, une fois prête (un mélange de deux réactifs) demandait à être appliquée rapidement. D'ailleurs, l'odeur chimique très prononcée fit fuir la famille.
Une fois le cercueil hermétiquement fermé, le couvercle en bois posé et vissé, le porteur le prit. Les deux croque-morts se rendirent alors, en procession, suivis de la famille, dans la chambre de la maîtresse. Là, ils virent deux petits tréteaux, posés tout près du lit, là où aurait dû se trouver le chevet.
La mamie s'avança alors, et après avoir murmuré un dernier «Au revoir Wouf-Wouf», elle posa sur le cercueil un napperon, sa lampe de chevet, un petit crucifix et une photo en noir et blanc de son défunt mari.
Enfin, les deux compères prirent congé.
En sortant, la mamie glissa discrètement un billet de cinquante euros en pourboire. Sa générosité était si grande et sa peine si réelle qu'un instant les deux croque-morts culpabilisèrent de s'être moqués d'elle.
La plus âgée des filles dit alors, en guise de conclusion:
— C'était très bien, merci, Messieurs. On n'hésitera pas à faire appel à vous le jour où il arrivera malheur à Miaou-Miaou.

Séduction mortelle

Un jour – c'était ma dernière semaine en tant que porteur, avant que je ne devinsse maître de cérémonie –, nous étions au funérarium de l'hôpital pour faire une mise en bière. Arrivés en avance, nous nous étions dirigés vers la partie technique, où se déroulait une autopsie.

Nous n'étions pas allés jusqu'à la salle, parce qu'un petit nouveau, que j'étais chargé de former, m'accompagnait et que je craignais qu'il ne tombe dans les pommes juste avant le convoi. Une autopsie, c'est dur. Très dur. Le large couloir grouillait de monde : agents d'amphithéâtre, gendarmes, le médecin légiste, et une charmante jeune femme. La trentaine, élégante, les cheveux blonds coupés au carré, elle faisait des va-et-vient entre le bureau du funérarium et le seuil de la salle d'autopsie.

— Ouah ! Elle est bonne, celle-là !

Je dévisageai le nouveau, à qui nous devions cette exclamation. Tout maigre, la vingtaine, il ressemblait à un jeune chien un peu fou.

— Elle te plaît ? lui demandai-je.

— Ouais ! Elle est canon ! Je crois que je vais aller lui parler. T'en penses quoi ?

— Tu es un grand garçon : fais comme tu le sens.

Après tout, il n'y a pas de mal à s'amuser un peu.

— Ouais, je vais la brancher !

Et il partit, joignant le geste à la parole.

C'est sur ces entrefaites que le maître de cérémonie arriva. Nous nous saluâmes, puis il me demanda :

— Il est où, le nouveau ?

D'où j'étais, j'avais une vue splendide sur la jeune femme qui ouvrait des yeux exorbités devant ce gamin qui lui débitait un baratin à toute vitesse.

— Qui, Franck ? Il est là-bas.

— Mais qu'est-ce qu'il fabrique ?

— Eh bien, manifestement, il est en train de draguer Madame la juge d'instruction.

Bien (trop) souvent entendu

— Pardon, Monsieur, mais comment ça se passe, pour la dispersion au cimetière, après ? On doit récupérer le cercueil, quand la crémation sera finie ?

L'allée

La dame s'avançait dans les allées du cimetière, un broc d'eau dans une main et, dans l'autre, le petit sac qui contenait le matériel pour nettoyer la tombe familiale : une brosse, du produit à vitres, dont elle avait découvert qu'il faisait des miracles sur le granit poli de son monument, un chiffon pour essuyer l'ensemble, des gants, puisqu'elle avait les mains sensibles. Elle mettait un point d'honneur à ce que le monument fût impeccable, lors de ses deux visites annuelles. Elle aurait voulu venir plus souvent, mais hélas, elle demeurait loin, et n'aimait pas rouler. Depuis que son mari était mort et son fils unique parti, elle s'astreignait à ces visites régulières.

Après tout, les morts, elle savait où les trouver.

Elle briqua, frotta, lustra, jeta les fleurs mortes et les plantes sèches, les remplaça par d'autres fraîches, puis remballa son matériel, et s'apprêta à partir. Comme souvent, elle tourna la tête pour jeter un regard de l'autre côté de l'allée, frissonnant à la vue du contraste entre son somptueux monument brillant et les herbes folles, aussi hautes que les petits panneaux en bois, du carré des indigents, situé à deux mètres d'elle. Son grand-père, qui reposait dans cette concession qu'il avait acquise, parlait, lui, de son vivant, de fosse commune. Il avait quitté sans trop de regrets ce monde où les aveugles étaient devenus des non-voyants, les sourds des non-entendants, où la fosse commune s'appelait désormais « carré des indigents ».

Elle vit une tombe fraîchement creusée. Mue par une curiosité malsaine, elle fit les trois pas qui l'en séparaient pour aller lire le petit panneau, sur lequel étaient gravés juste deux lettres et un point : « M. X ». Encore une fois, elle frissonna. C'était ici le coin de ceux qui avaient tout perdu, et pour certains, jusqu'à leur nom.

Hâtant le pas, elle prit ses affaires et s'éloigna.

Le convoi funéraire qui se trouvait là à son arrivée était parti. Il l'avait obligée à aller se garer plus loin, dans une petite ruelle sinistre. Heureusement, il faisait jour. Elle s'aventura donc dans la ruelle, mais s'aperçut que sa voiture n'y était plus. Elle tourna, vira, fit le tour avec le conservateur du cimetière et deux fossoyeurs appelés en renfort, et finit par se rendre à l'évidence : on lui avait volé sa voiture.

Aimablement, le conservateur s'offrit pour la conduire au commissariat.

Dans le petit bureau, un policier prenait sa déposition. Affolée, paniquée, elle lui décrivit sa voiture, essaya de se rappeler l'immatriculation, et, curieusement, le fait de ne pas s'en souvenir la calma. Après tout, elle n'y avait laissé aucun objet auquel elle tenait particulièrement, elle pourrait retourner chez elle par le train, elle était bien assurée, et son mari, prévoyant, lui avait laissé de l'argent. Tout cela n'était que du matériel, un petit vol crapoteux, sans nul doute, mais rien d'irréparable, et il fallait qu'elle se calme si elle voulait aider les policiers. Ceux-ci étaient gentils et patients, certes, mais elle devait y mettre du sien.

D'une voix calme, elle énonça les renseignements qui lui étaient demandés. Le policier lui proposa un verre d'eau, qu'elle but tranquillement, pendant que l'officier répondait à un appel au téléphone. Sur un tableau, non loin d'elle, elle remarqua des photos. L'une d'elles, à moitié dissimulée parmi les autres, ne

laissait voir que le bas du visage. Mais ce bas de visage-là lui disait quelque chose.
Comme dans un rêve, elle se leva, se dirigea vers le tableau, écarta la photo qui dissimulait le visage, et resta un moment pétrifiée, comme sourde aux appels du policier qui se demandait quelle mouche l'avait piquée.
— Madame ? Madame ?
Elle se tourna vers lui et dit simplement :
— C'est mon fils.
Puis, après une courte seconde de silence, elle lui raconta tout : comment son mari et elle avaient découvert qu'il prenait de la drogue, comment ils avaient pensé que le meilleur moyen de l'aider, c'était la fermeté et un cadre autoritaire, comment leur fils avait fugué, sans qu'ils ne retrouvent jamais sa trace, comment son mari était mort du cancer, rongé par le désespoir et le remords.
— C'est mon fils, conclut-elle. Vous savez où il est ? Peu importe si c'est un criminel, s'il a fait des choses mauvaises. C'est mon fils, et je veux l'aider, de la bonne façon, cette fois-ci.
Le policier se taisait. Il avait le regard triste.

Les croque-morts soulevèrent le cercueil. Ils firent trois pas, puis se positionnèrent au-dessus du caveau et le descendirent, à côté du cercueil de son père, au-dessus de celui de son grand-père, avant d'enlever leurs sangles et de s'éloigner, laissant la femme se recueillir, seule, sur la tombe de son fils, retrouvé le temps d'un espoir.
Les croque-morts embrassèrent la scène d'un regard, en méditant sur le hasard. Les fosses, ouvertes : celle où ils venaient de déposer le cercueil, et celle dont ils venaient de le sortir, juste en face, à deux mètres, de l'autre côté de l'allée. Ils l'avaient mis

là un peu auparavant et l'avaient ressorti avec une autorisation exceptionnelle du procureur de la République.
Et, parmi les hautes herbes, une pancarte, désormais inutile, gisait. Quelqu'un y avait juste gravé deux lettres et un point : « M. X ».

Erreur

La cérémonie civile vient à peine de commencer. Un couple entre précipitamment dans la salle de cérémonie, remonte l'allée en prenant un air contrit, dépose une fleur sur le cercueil. Soudain, la femme regarde autour d'elle, puis demande au maître de cérémonie :
— Pardon, ce ne sont pas les obsèques de Madame X ?
Rapides comme l'éclair, ils récupèrent leur fleur sur le cercueil et remontent l'allée d'un air toujours aussi contrit, mais d'un pas beaucoup plus rapide, dans le silence médusé de l'assistance.

Petite ballade en pathétique mineur

Elle était là, à l'entrée de l'agence des pompes funèbres, hésitante. Difficile de lui donner un âge : soixante-cinq, soixante-dix ans ? Je vins donc la chercher. Qu'est-ce que je pouvais faire pour elle ?

— Je venais me renseigner pour un contrat obsèques.

— D'accord, asseyez-vous, Madame. Vous voulez un café, un thé, de l'eau ?

— Non, c'est gentil, je ne veux pas vous déranger.

Mais ça ne me dérange pas, sinon, je n'aurai pas proposé.

Elle conservait son sac à main sur ses genoux, jetait autour d'elle des regards angoissés et me regardait comme un gamin aurait regardé les All Blacks qui lui auraient proposé un petit match amical.

— Bon, qu'est-ce que vous souhaitez, comme prestations ?

— Quelque chose de simple et pas cher.

— OK. Une cérémonie ?

— Pas la peine, non, on ne va pas déranger un curé pour ça.

— Un avis dans le journal ?

— D'accord, mais après, peut-être. Sinon, les gens vont se sentir obligés de venir.

OK. Inspire, expire…

— Quoi d'autre ?

— Ce qu'il y a de plus simple. Une crémation, une dispersion. Pas de tombe à entretenir, c'est du souci. Et le moins cher possible, pour qu'il reste quelque chose à mes enfants après. J'avais une question.

— Posez, Madame, je vous écoute.
— Est-ce qu'il serait possible de ne les prévenir qu'après ?
— Après quoi ?
— Après tout, quand tout sera fini.
— Attendez, Madame, vous ne voulez pas que quelqu'un les prévienne, mais ils vont vouloir venir à vos obsèques !
— Je sais, ils vont se sentir obligés, je ne veux pas les déranger. J'ai un fils avocat, l'autre est médecin, ils sont très occupés, vous comprenez. Déjà, depuis que mon mari est parti – c'était un brave homme, Monsieur –, c'est eux qui sont obligés de venir me voir et je sais que ça les dérange. Moi, je n'ai pas le permis. Je veux juste partir quand le moment sera venu, sans tracasser personne, la vie est bien assez dure comme ça. Moi j'ai été heureuse, je ne veux pas gâcher la joie des autres…
Je fis un devis. Simple, directement à l'essentiel. Je ne pus lui assurer que sa famille ne serait pas prévenue au moment du décès. Elle sembla déçue, mais comprit parfaitement.
— Merci, Monsieur, je sais que vous avez fait de votre mieux.
Ce n'était pas l'impression que j'avais, pourtant.
Je la regardai s'éloigner de son petit pas discret, en longeant presque les murs. Refermai la porte de l'agence. Retournai dans le bureau. Pris le téléphone et composai le numéro.
— Allô, maman ? Oui, c'est moi. Non, rien. Je voulais juste prendre des nouvelles.

Droits de l'homme

L'homme militait pour la régularisation des sans-papiers, les droits du peuple palestinien, les droits de l'homme, l'interdiction de divers partis politiques de droite nationale, la paix dans les territoires palestiniens, le Tibet libre, l'éducation dans les dictatures bananières et mille autres causes encore. La porte de son appartement était tapissée d'autocollants et de tracts témoignant bien de son souci de la concorde universelle et de sa bienveillance envers les opprimés.

Il nous fixait un peu interloqué, nous, les pompes funèbres et l'équipage de police qui nous avait appelés. Il sortait de chez lui pour aller manifester contre le nucléaire.

C'est un policier qui rompit le silence.

— C'est votre voisine, elle est décédée.

Le militant nous fixait sans comprendre.

— La petite mamie ? Mince. C'est arrivé quand ?

Le flic le regarda sans sourciller.

— D'après les éléments qu'on a, il y a bien deux mois, Monsieur.

Le policier accentua son regard glacé devant l'air ébahi du militant. Pointant une affiche sur la porte de celui-ci, il en reprit le slogan.

— Mettons fin à l'indifférence, hein ? Bravo, excellente idée ! Faites donc ça et circulez, y a rien à voir.

Immolation

Lorsque nous arrivâmes à l'hôpital, l'autopsie touchait à sa fin. Les policiers avaient établi, sans aucun doute, qu'il s'agissait d'un suicide. Mais certains éléments avaient éveillé leur curiosité ; aussi le procureur ordonna-t-il l'examen, afin de préciser les circonstances exactes du décès.

Les policiers, à la lumière de ce qu'ils avaient vu sur les lieux et de ce que leur avait dit le médecin légiste, venaient de comprendre ce qui s'était passé. Et ils étaient impressionnés. Pendant que l'on mettait le défunt dans son cercueil, ils nous expliquèrent. L'homme était allé sur un promontoire, à la campagne, non loin de la mer. Là, il s'était arrosé d'essence. Il en avait même avalé. Puis il s'était immolé. La mort par le feu étant considérée comme celle qui cause le plus de souffrance, il s'était débattu, était tombé et avait dévalé la pente. Ce roulé-boulé avait éteint les flammes. Et il était resté là, profondément brûlé sur la plus grande partie du corps, délirant de fièvre et de souffrance.

L'enquête et l'autopsie déterminèrent qu'il avait mis huit heures pour mourir et que, durant cette agonie, il avait été le plus souvent conscient.

Vaudeville

Les funérariums sont de véritables labyrinthes, comportant d'un côté une partie publique, de l'autre, une partie technique, avec des salons au milieu. Ajoutez à cela les laboratoires, les locaux techniques, les pièces pour le stockage, et d'autres encore. Vous pouvez ainsi errer à la recherche d'un collègue qui erre à la vôtre, passant votre temps à vous croiser sans vous rencontrer. J'exagère… un peu.

Or donc, en ce délicat matin fleuri de printemps, où les feuilles verdissent sur les arbres, où les oiseaux gazouillent tous en chœur, où l'air encore frais se parfume des senteurs florales et où le pollen fait éternuer les allergiques, une famille en deuil se présenta dans une entreprise de pompes funèbres.

« Quoi de plus banal ? », me demanderez-vous, et je vous répondrai que la douleur n'est jamais chose banale.

Une famille, donc, préparait les obsèques de son défunt, un homme mûr, mais encore vert, semble-t-il, puisque la veuve tint à préciser qu'elle ne voulait pas voir Madame X. Le croque-mort, surpris, essaya de lui expliquer que ce n'était pas possible de faire le tri, qu'on ne pouvait pas demander à chaque personne ses papiers à l'entrée de l'église. La veuve insista, expliquant qu'elle ne voulait en aucun cas voir Madame X. La dame en question s'avérant être grande, blonde, à forte poitrine, aux yeux limpides, à la bouche pulpeuse, et la maîtresse du défunt. Vert, vous disais-je.

Le collègue promit de faire son maximum, au moins pour lui interdire l'accès au salon. Bien entendu, le lendemain, la

maîtresse vint à l'agence. Elle expliqua, des trémolos dans la voix et les yeux humides, qu'il lui était insupportable de ne pouvoir se recueillir auprès du corps de son amant, qu'elle aimait d'amour tendre, et qui l'aimait également en retour.
La jeune femme était si émouvante, ainsi perdue et malheureuse, avec sa peine aussi profonde que son décolleté, que les croque-morts, émus, appelèrent le funérarium depuis la boutique.
— La famille est là ?
L'hôtesse, après vérification :
— Non, personne.
Ainsi, la jeune femme éplorée put-elle se recueillir près du corps de son amour défunt.
Mais voilà que survint la femme légitime.
L'agent de funérarium, qui discutait avec l'hôtesse, pâlit et eut le réflexe de l'intercepter et de la retenir sous un prétexte fallacieux, lui faisant croire que le conseiller devait d'abord la voir pour quelque chose d'important. Pendant ce temps-là, l'hôtesse, discrètement, appela la boutique. De laquelle descendirent au pas de course deux conseillers. Le premier se dirigea vers l'épouse, pour lui demander de prétendues précisions sur l'état civil de feu son mari. Le second, pendant ce temps, passant par la partie technique, s'introduisit dans le salon par la porte d'accès au laboratoire, expliqua la situation à la maîtresse et la fit sortir par les coulisses, tandis que la veuve, quelques secondes plus tard, pénétrait, elle, par l'entrée des familles.
Depuis, quand je regarde un vaudeville, j'éprouve la sensation familière du déjà-vécu.

Quel bordel !

C'était un vendredi soir, veille d'un samedi 14. Le téléphone de permanence sonna.
À l'autre bout du fil, l'assistant qui était de permanence avec Henry, un vieux croque-mort à qui l'on ne la faisait plus, lui expliqua : la police requérait les prestations du service extérieur des pompes funèbres afin d'enlever un défunt d'un endroit, dont ils indiquèrent l'adresse, pour le ranger proprement dans un autre, à savoir un tiroir de la morgue.
Chemin faisant, Henry se dit que l'adresse lui évoquait quelque chose, mais quoi ?
« Certainement pas un lieu de ma connaissance », se disait-il, lui qui connaissait tout et tout le monde à cinquante kilomètres à la ronde. Enfin rendu à l'adresse indiquée, il constata que l'endroit, bien que connu, n'était pas de ceux qu'il fréquentait. Il s'agissait en effet de la principale boîte échangiste des environs. Un haut lieu des rendez-vous libertins, qui devait sa tranquillité au fait que, dans ce coin perdu de la Bretagne profonde, les prudes et très catholiques riverains n'avaient pas compris ce qui s'y passait.
Et ce qui s'y était passé ce soir-là était limpide. Une jeune et accorte donzelle y avait rencontré, quelque temps auparavant, un vieillard cacochyme dont elle avait fait son époux, par amour pur et sans aucune considération pour la fortune considérable qui était celle du pépé. Elle l'y entraînait régulièrement afin qu'elle pût se livrer à des acrobaties en adéquation avec sa

condition physique parfaite et son appétit démesuré sur de jeunes hommes et femmes au physique sportif, sans se rendre compte que son légitime époux, s'efforçant de suivre, s'épuisait tant il était gavé de pilules bleues afin de rester vaillant face aux donzelles toujours avides d'expériences. Et ce soir, précisément, les pilules bleues, trop d'exercice et une forte dose de champagne avaient terrassé le vieillard déjà subclaquant. C'est ce dont se rendirent compte Henry et son acolyte.

— Oh, bordel ! jura ce dernier.

— Au bordel, tout juste, conclut Henry, qui s'était ressaisi et déballait déjà son plastique, non pas le plastique fin aux goûts exotiques qui recouvrait des virilités non refroidies par l'incident à peine remarqué, mais le grand plastique épais, opaque et blanc dans lequel on emballait les cadavres.

Le défunt avait été emmené en quelque alcôve discrète, à l'écart de la piste de danse sur laquelle des silhouettes anonymes, floutées par la lumière des projecteurs, se frottaient dans un jeu moite, sensuel et impudique. Mais revenons à la grande mort, qui avait vaincu la petite.

Le défunt, qui avait entre-temps reçu la visite d'un médecin du SAMU, avait été dissimulé aux regards, le gérant de l'établissement jugeant qu'il y avait là un traumatisme potentiel dont il fallait préserver ses clients et son chiffre d'affaires. Les deux croque-morts emballèrent le défunt dans la housse, le sanglèrent sur la civière et sortirent par un passage discret. Le patron en tamisa la lumière encore plus qu'elle ne l'était déjà, ce qui était en soi un phénomène physique d'une portée considérable, si quelqu'un l'eût relevé. Mais, ce soir-là, tout le monde était distrait.

Ils allèrent le déposer à la morgue, et tout fut bien…

Mais la jeune et jolie veuve ? Eh bien, l'assistant qui, quoique nettement plus jeune qu'Henry, n'était plus vraiment un débutant, demanda à son collègue aîné de l'accompagner à sa recherche. En effet, elle avait disparu quelque part dans cet antre de luxure. À propos du stupre sur lequel leurs yeux se posèrent, ils ne dirent mot. Mais leur regard sur le genre humain en fut à jamais changé.

Ils trouvèrent la veuve en des bras consolateurs. À grand-peine, elle consentit à quitter ce havre de paix pour convenir avec l'assistant d'un rendez-vous à son réveil, en fin d'après-midi.

— Faites-lui un beau truc, il y a assez d'argent, précisa-t-elle, les sanglots admirablement retenus dans sa voix rauque. Enfin, elle chercha l'oubli de la peine que lui causait son mort en se jetant avidement sur un vit.

— On va boire un coup ? proposa l'assistant, j'ai besoin d'un truc raide.

— Non, merci, les trucs raides, j'en ai vu suffisamment pour ce soir…, répondit Henry, mais un whisky sans glace, j'dirais pas non.

Erreur sur la personne

Un jour – je n'étais à cette époque qu'un jeune et fringant porteur –, on nous appelle, un assistant funéraire et moi, pour enlever un corps dans une maison. C'est l'automne, la nuit est tombée, il fait froid, nous errons quelque peu avant de trouver l'adresse. C'est une vieille bâtisse bretonne, et nous entrons directement dans la pièce principale, où seule une ampoule jaune dispense une lumière chiche. Un coin cuisine, avec un poêle à bois, une table, un buffet et un lit, dans lequel on devine une silhouette. Après avoir présenté nos condoléances à la famille, nous les informons que nous allons installer notre matériel. Nous entrons donc le brancard, y installons une housse de corps, enfilons nos gants, le tout sous le regard de la famille silencieuse, et enfin nous nous tournons vers le lit afin de saisir notre client, une petite vieille toute menue enfouie sous une couette épaisse.

— Excusez-moi !

Nous nous tournons vers l'homme, très gentil, que nous avions identifié comme étant le fils aîné, et qui nous a interpellés. Il poursuit :

— Je crois que vous faites erreur, Messieurs. Là, c'est maman, elle dort. Le défunt, c'est papa, il est dans la pièce d'à côté.

Humiliant

À titre tout à fait personnel, je pense sans nul doute pouvoir décerner à l'homme que je suis allé chercher un jour sur réquisition de police après qu'il a été foudroyé par un infarctus, et que l'on a trouvé sur son canapé, seulement vêtu d'un porte-jarretelles et d'un corset assez serré, encore assis sur l'énorme godemiché « réaliste » (*dixit* la boîte posée sur la table basse, à côté d'un tube de vaseline déjà bien entamé) avec lequel, visiblement, il entretenait un rapport assez intime, la palme de la mort la plus humiliante.

Le saviez-vous ?

Mise en bière

Comme l'origine du mot *croque-mort*, l'origine du nom *bière* pour désigner le cercueil vient des épidémies de peste. Une fois que les convoyeurs de cadavres avaient croché leur mort, ils le chargeaient sur des petites charrettes, appelées *bierra*, du francique *bera* qui signifie *brancard*. Encore une fois, l'évolution phonétique a fait son œuvre et *bierra* est devenu *bière*.

Micro-coupure

Il avait enfin accédé au Graal. Il était, il le savait, au tournant de sa carrière. La directrice l'avait convoqué, fait asseoir dans son bureau intimidant, lui avait proposé un café, puis le chef du personnel était arrivé à son tour, les deux l'avaient fixé en souriant, avant de se décider à lui annoncer la grande nouvelle : il était maître de cérémonie.

Se sentait-il prêt, lui avaient-ils demandé ? Oui, il l'était. Oh que oui !

Le lendemain, ils lui annoncèrent alors qu'il devrait rencontrer sa première famille. Il devrait mettre au point avec elle les détails de l'hommage qui serait rendu le surlendemain à leur défunt, préparer la cérémonie proprement dite et la mener.

Bien sûr, on ne l'avait pas improvisé soudainement maître de cérémonie. Depuis des mois, il était régulièrement formé avec d'autres : les différentes techniques, la réception des familles, la structuration, les phrases à employer, celles à taire… Depuis tout ce temps, il rongeait son frein, et maintenant, il était seul maître à bord.

Ce serait sa cérémonie.

Le lendemain, il rencontra les membres de la famille. C'étaient des gens sympathiques, qui le prévinrent d'emblée : au vu des nombreux appels qu'ils avaient reçus, il y aurait du monde. Lui les rassura : c'était un professionnel. Avec eux, il mit au point l'hommage avec un luxe de détails inimaginable. Tout l'après-midi qui suivit, il pensa au lendemain, à son grand jour. Le soir, il rédigea mot à mot tout son texte. Il l'apprit par cœur, ainsi que tous les textes qui devraient être lus. Jusqu'à une heure avancée de la nuit, il pensa à la cérémonie, la répéta, la peaufina : le polissage était parfait.

Le matin de la cérémonie, il prit un petit-déjeuner copieux et se contenta à l'heure de midi d'une salade légère. Pour la quarantième fois, il examina son costume, sa cravate, cira ses chaussures, puis il se dirigea vers le salon pour la mise en bière. C'était l'heure. La grande heure. *Son* heure.

Le cercueil était là. Il dirigea les porteurs qui l'installaient dans la salle, leur indiqua où et comment disposer les fleurs, attendit qu'ils sortissent, tandis que l'assistant à la sonorisation passait la musique convenue.

L'assistant était lui aussi un maître de cérémonie, expérimenté, qui était là pour observer, écouter et faire un débriefing. Une critique constructive ne nuit jamais.

Le nouveau se tenait légèrement en retrait du micro, attendant que la musique s'arrêtât. Il observait la foule nombreuse qui, à ce moment-là, fixait le cercueil, mais qui, un instant plus tard, le fixerait, lui.

Il montrerait alors ce qu'est un maître de cérémonie, un vrai. Il ferait tellement mieux que tous ses collègues qu'il critiquait abondamment.

Enfin, la musique s'arrêta. Il fit un pas pour se placer devant le micro, prit une inspiration, balaya l'assemblée du regard.

Au bout d'un moment, les gens se demandèrent quand cet homme qui les fixait depuis bientôt une minute se déciderait à parler. L'assistant à la sonorisation lui lançait des regards de plus en plus insistants.

— Le plus dur, c'est de dire le premier mot. Après, tu es lancé, lui avait-on dit.

Sauf que ce mot, lui, ne sortait pas. Lorsqu'il devint manifeste qu'il ne sortirait jamais, l'assistant fit ce qui devait être fait : il

se dirigea vers le pupitre, prit le texte, fit signe à un des porteurs de se mettre au son, poussa son collègue pétrifié sur le côté et célébra la cérémonie.
L'autre resta là, debout, pâle. Sa présence inutile surprenait, mais l'assemblée finit par s'y habituer puis par l'oublier.
Les gens firent le geste d'adieu et sortirent. Lorsque l'assistant voulut s'adresser au nouvellement nommé maître de cérémonie, ce dernier avait disparu. Plus personne dans le milieu des pompes funèbres n'entendit parler de lui.
Certains disent qu'il est devenu bûcheron quelque part en Scandinavie, d'autres qu'il a rejoint des trafiquants d'armes dans le Sahara. Plus pragmatiquement, d'autres expliquent qu'il travaille comme ouvrier agricole, chez un oncle en centre Bretagne. Il a la réputation d'être un garçon gentil, travailleur, et d'une humilité exemplaire. Simplement, comme on dit, il est du genre « taiseux ».

En apesanteur

À Pierre-Charles

Comme l'avaient précisé ses parents au croque-mort qui avait organisé les obsèques, durant toute sa courte vie, il avait été heureux.
Les maladies orphelines ont ceci de particulier qu'elles portent souvent un nom sinistre et imprononçable de médecin scandinave ou balte, qu'elles ne se guérissent pas et tuent de manière horrible après avoir permis de vivre d'une manière plus horrible encore.
Si celle-ci avait bien un nom imprononçable de médecin scandinave que j'ai oublié, elle n'engendrait pas de souffrance. Le garçon avait grandi, vieilli, un peu, et surtout grossi, grossi, jusqu'à atteindre puis dépasser le quart de tonne. Il pesait 275 kg, pour 1,80 m, et avait les capacités intellectuelles d'un garçon de trois ans, les bons jours. Son poids l'empêchait de se déplacer seul.
Il ne quittait presque jamais sa maison ni le jardin où tout avait été aménagé pour son bonheur. Il avait vécu heureux, puisqu'il n'avait rien à quoi comparer sa vie ni la capacité de comprendre qu'il aurait dû être triste. Comment ne pas se satisfaire de sa vie si l'on ne sait pas qu'il en existe d'autres ?
Puis son cœur s'était arrêté, il avait eu un peu mal, pas vraiment peur, puisque les petits enfants ne comprennent pas ce qu'est la mort. Il était mort entouré de l'amour que lui donnaient ses

parents bien-aimés, ses frères et sœurs, parfaitement sains, eux, et qui s'étaient occupés de lui.
Il était mort à vingt-deux ans, en serrant son ours en peluche préféré. Son âme innocente de gentil petit garçon s'était enfuie, et ne restait de lui que ce corps immense et difforme que les croque-morts regardaient à présent plein d'inquiétude.
Ils prirent les mesures, et partirent. Le cercueil serait fabriqué en conséquence, voilà tout.
Il paraît que le thanatopracteur y passa des heures et faillit devenir fou. Comme le fit remarquer avec une pointe d'ironie un collègue, les thanatopracteurs passent leur temps à affirmer à quel point leur métier les passionne et qu'il n'y a jamais de défi trop important pour eux : c'était une occasion de le prouver. Mais pour la logistique, il fallait une équipe au top.
Six porteurs furent sélectionnés pour leurs qualités physiques. Durant les phases où le cercueil serait porté à la main, aucun ne devrait flancher. Pour le reste, un chariot renforcé pouvant supporter jusqu'à cinq cents kilos avait été emprunté tout exprès à une agence située à trois cents kilomètres. Le porteur irait le chercher en même temps que le cercueil sur mesure.
Tout était impeccable, à un détail près : la sépulture de famille, dans laquelle le garçon serait inhumé, était située au milieu d'un carré de tombes, dans un vieux cimetière au sol irrégulier et où les monuments étaient espacés d'une trentaine de centimètres à peine. Le bras de la grue du camion de marbrerie ne pouvait atteindre le carré et, en temps normal, seuls deux porteurs, chacun levant le cercueil à bout de bras, pouvaient y accéder. Mais là, où l'ensemble dépassait les trois cent cinquante kilos, c'était impossible.
Et cette petite filiale d'une grosse société de pompes funèbres égarée au fin fond de la Bretagne avait un talent. Ou plutôt, un génie à sa tête. Si les cérémonies avaient été de la musique, il aurait été Mozart. Si elles avaient été de la poésie, il aurait

été Baudelaire. Si elles avaient été de la littérature, il aurait été Flaubert. Mais les cérémonies étaient des cérémonies, et il était lui.

C'était un homme affable, toujours impeccable. Alors qu'une famille avait regretté devant lui, un jour, de ne pas avoir eu la messe en latin, sur le chemin du cimetière, il avait improvisé un petit cérémonial d'inhumation dans la langue de Marc Aurèle qu'il prononça de tête, sans note.

Ce n'était pas un maître de cérémonie, c'était *le* maître de cérémonie. À côté de lui, les autres n'étaient que des tâcherons. Il alla au cimetière et, rentrant, il déclara juste, sibyllin, qu'il avait la solution, que c'était bon, qu'on pouvait y aller.

C'était tout lui : il aimait – péché véniel – faire son effet. Et là où n'importe qui d'autre se serait inquiété, son équipe avait juste acquiescé. S'il disait qu'il avait la solution, c'est qu'il l'avait.

La cérémonie eut lieu tandis que le garçon reposait avec son ours en peluche préféré dans son immense cercueil recouvert de pétales de fleurs et de jouets parmi ceux qu'il affectionnait le plus. Nul besoin de vous la narrer : elle fut belle, elle fut émouvante. Enfin, le convoi parvint au cimetière.

Étaient présents la famille et les proches, nombreux, les croque-morts, les fossoyeurs, les officiels du cimetière, et deux hommes à l'air emprunté, qui se tenaient en retrait, dans un coin. Leurs costumes étaient dépareillés, et manifestement, les cravates n'étaient pas leur fort.

Là, sur son chariot renforcé, le maître de cérémonie fit son office, puis vint le temps d'inhumer.

Alors, calmement, le maître de cérémonie fit un signe à l'un des deux hommes en retrait. Celui-ci sortit un talkie-walkie, y prononça quelques mots, et la grande grue sur le chantier non loin se mit lentement à tourner.

Le maître de cérémonie avait vu, lui, le chantier, auquel personne n'avait prêté attention. Il était allé demander au

contremaître, qui lui-même avait demandé au maître d'œuvre qui, ému, avait donné son accord. Le maître de cérémonie était allé voir tous les officiels afin d'obtenir les autorisations. Le chantier s'était même arrangé pour que le grutier ait la matinée pour s'entraîner.
Et les sangles descendirent du ciel, doucement. Les croque-morts les fixèrent aux poignées du cercueil, qui s'éleva lentement. Puis, guidée par les hommes au sol, la grue l'achemina respectueusement au-dessus de la tombe, où il descendit tout aussi doucement.
Le temps était comme suspendu. Pas un pétale de fleur, pas une peluche sur le cercueil n'avaient frémi. Lorsque le cercueil toucha le fond, un marbrier descendit détacher les courroies, qui s'élevèrent et disparurent.
Puis les proches passèrent devant la tombe, lançant qui une fleur, qui une poignée de terre.
Enfin, après avoir chaleureusement remercié le maître de cérémonie, la famille prit congé. La mère dit juste :
— J'avais craint que la grue ne soit sordide ou humiliante. Mais c'était… On aurait dit qu'il s'envolait, comme libéré. Merci.
Certains métiers demandent des compétences techniques. D'autres exigent du talent.

Noir et blanc

L'assistant funéraire était dans la salle de présentation des cercueils, avec le frère d'une jeune femme décédée dans un accident de la route.

— Voilà, donc, notre gamme de capitons, je vous laisse choisir.

— Je prendrai celui-là, dit le frère en désignant un capiton de soie.

— Le blanc ? C'est une couleur qui ne rend pas toujours bien avec le défunt. Elle était très blême à sa mort ? Blanche ?

Après un instant de malaise, le frère de la défunte répondit aussi gentiment que possible :

— Pâle. Blanche, non : c'était ma sœur, elle était noire, un peu comme moi, en fait.

Bien (trop) souvent entendu

— Au moins, dans ton métier, il n'y a pas de chômage !

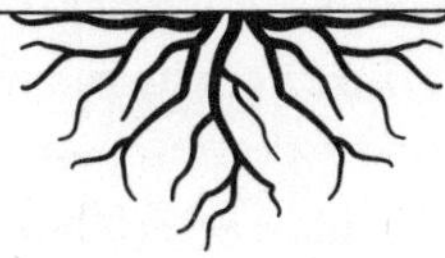

No future

C'était un appel de la police :
— Réquisition, décès dans un squat, merci de venir chercher le corps. Dans combien de temps pouvez-vous être là ? OK, merci.
Nous arrivâmes dans les plus brefs délais. Quelques voitures de police et un groupe d'une vingtaine de squatteurs se trouvaient dans ce dépôt du port de commerce, désaffecté, devenu le foyer d'une poignée de marginaux. Il n'y avait aucune tension, aucune agressivité, juste une tristesse diffuse. On sentait néanmoins poindre un certain sentiment d'inquiétude. Un policier en civil vint nous expliquer que l'homme était décédé vraisemblablement d'un coma éthylique, que le médecin n'avait rien vu de suspect, et que donc, nous étions priés de bien vouloir le ramener en nos locaux, de le ranger proprement au frais, en attendant de plus amples informations. Ce que nous fîmes.
Les informations nous parvinrent au compte-gouttes au fur et à mesure des semaines, qui s'écoulaient, implacables, dans la froide humidité de l'hiver breton. Le médecin légiste vint faire quelques prélèvements, par acquit de conscience, puis le dossier fut classé du point de vue de la justice. Puis l'hiver s'adoucit, l'humidité se fit plus rare et bientôt, les silhouettes dépenaillées des arbres se parèrent à nouveau d'une douce verdure. Le printemps prenait ses quartiers en Bretagne, et il serait superbe.
Dans sa case, notre client verdissait, lui aussi. Et les nouvelles, donc, étaient inquiétantes. L'homme était polonais, les

recherches pour savoir s'il lui restait de la famille là-bas n'avançaient pas, et le consulat de Pologne refusait de le prendre en charge tant qu'on n'aurait trouvé personne pour l'accueillir.
Un matin, la sentence tomba : attendu qu'il n'y avait plus de famille, attendu que l'homme était résident français, attendu qu'il n'y avait personne de son entourage qui ait la volonté ou les ressources de prendre en charge ses obsèques, l'individu sera inhumé, à la charge de la mairie, au carré des indigents.
Le carré des indigents. Il n'y a pas si longtemps que ça, on aurait dit : la fosse commune. Mais le progrès était passé par là : désormais, on avait droit à son propre trou.
La nouvelle était tombée le mardi après-midi. Le temps de faire les papiers, l'exécution fut fixée au jeudi matin.
Le mercredi matin, le temps était encore splendide, ensoleillé. Il faisait chaud, mais la chaleur n'était en rien accablante. Le vent, venu de lointaines contrées, rafraîchissait sans refroidir, portant avec lui le souffle du vaste monde, donnant l'envie à tant de Bretons de tout lâcher, de s'embarquer sur un bateau et d'écumer les océans en quête d'aventure. Mais la troupe de corsaires dépenaillés qui s'avançait timidement vers l'agence ne semblait pas disposée à prendre la mer dans l'immédiat.
Ils entrèrent, restèrent sur le seuil, jetant autour d'eux des regards intrigués sur les articles funéraires, les plaques, les fleurs artificielles, les monuments en exposition. Enfin, un collègue alla s'enquérir de l'objet de leur visite. Nous connaissions certains d'eux, au moins de vue : on pouvait les croiser dans la rue, pratiquant la mendicité avec cette politesse gauche de celui qui veut bien faire, mais ne sait pas trop comment s'y prendre.
— Messieurs, Mesdames, que puis-je faire pour vous ?
Le collègue en question était disciple de l'école « On évite de dire bonjour quand on travaille aux pompes funèbres » – débat sémantique qui fait fureur parmi les membres de la profession pour qui leur métier n'est pas juste alimentaire.

— On vient pour notre copain, celui qui est chez vous depuis quatre mois. La mairie nous a dit qu'il serait enterré demain.
— Oui, demain matin, exact.
— On voulait savoir comment ça se passe.
— Eh bien, on va au cimetière, on inhume, on dépose une plaque avec son nom, et voilà.
— Ah, très bien. Euh… Il n'y a pas de cérémonie ?
— Non, ce n'est pas prévu, c'est un indigent. Il s'agit d'une opération technique par délégation des services de l'état civil.
Le silence régna, le temps que le porte-parole du groupe se remémorât les mots entendus et tentât de leur trouver un sens une fois mis tous ensemble.
— OK, je vois. Euh… On voulait savoir, pour une cérémonie, combien ça coûte.
— Tout dépend. Que voulez-vous ?
— Eh bien, juste dire un petit mot au cimetière, histoire qu'il ne parte pas seul, quoi. On a un peu d'argent, on peut se cotiser. Vous comprenez ? C'est juste pour marquer le coup, quoi.
— Je vois. Attendez, je vais voir.
Un conciliabule se tint dans le bureau, et peu importe ce qui s'y dit. L'on y entendit peut-être :
— Bon, ça va, on n'a rien d'autre de prévu demain matin.
Ou :
— On peut faire un geste.
Et encore :
— Pourquoi pas, après tout ?
Puis la porte s'ouvrit, et le croque-mort revint voir la petite troupe.
— Bon, il y aura un maître de cérémonie au cimetière demain, vous lui direz comment vous voulez faire. On se dit 10 heures au cimetière ?
— Très bien, mais ça va coûter combien ?
— Laissez tomber. Ça ne nous coûtera pas plus cher.

Ce qui était, bien entendu, un pieux mensonge. Après tout, on n'est pas que des commerçants, non ?

Le lendemain matin, donc, à 10 heures, une trentaine de squatteurs punks se demandaient comment ils allaient pénétrer dans le cimetière étant donné que le gardien leur avait interdit d'y faire entrer leurs chiens. Ils finirent par désigner un volontaire d'office, un nouveau venu dans la bande, qui n'avait pas connu le défunt, et était venu juste par politesse.

Puis le petit groupe se mit en route, suivant le corbillard au pas, après s'être fait expliquer la marche à suivre par le maître de cérémonie. Ils traversèrent tout le cimetière de Kerfautras et arrivèrent au carré des indigents, pudiquement caché par une haie. L'étrange cohorte se déploya sous le regard médusé des fossoyeurs, qui attendaient le cortège près du trou. C'était une simple fosse, d'un peu plus d'un mètre vingt de profondeur, à même la terre. Dans l'allée, en face, les croque-morts installèrent les tréteaux sur lesquels ils déposèrent le cercueil.

Le maître de cérémonie se dirigea vers le groupe.

— Bon, que fait-on alors ?

— Eh bien, on s'était dit qu'on pourrait mettre un peu de musique et après, quand il sera dans le trou, on voudrait déposer des souvenirs. On peut ?

— Oui, oui, sans problème. Que dois-je annoncer, comme musique ?

— Vous avez un lecteur CD ? Sinon, on a le nôtre. Autant qu'on s'en serve, le CD est déjà dedans. Pas la peine d'annoncer, on connaît.

— Comme vous voudrez. Bon, alors on y va.

— Euh… s'enquit une jeune fille, au crâne aussi lisse qu'un lac gelé, on peut poser des fleurs sur le cercueil ?

Et ainsi fut fait. Quelques bouquets de fleurs disparates, dont la plupart ne sortaient pas de chez un fleuriste, furent déposés sur le cercueil.

Un peu plus loin, un papillon virevoltait autour d'un bouquet de fleurs posé sur une tombe, saisit cette conversation entre les deux fossoyeurs municipaux :
— Dis, tu trouves pas qu'elles ressemblent drôlement aux fleurs que les jardiniers municipaux ont plantées au parc ?
— Si, drôlement.
— Tu crois qu'on devrait leur en parler ?
— Tu veux aller dénoncer ces jeunes gens très tristes aux jardiniers municipaux, eux qui ne nous disent même pas bonjour parce qu'ils considèrent les gens des cimetières comme des lépreux ?
— Ouais, je suis d'accord avec toi, ils sont tristes, ces jeunes. Eh, c'est quoi, ce bruit ?
Ce bruit, c'était la cérémonie. En fait, celle-ci s'était déroulée comme suit : le maître de cérémonie avait d'abord invité l'assistance à entourer le cercueil, puis à se donner la main en observant un moment de recueillement. Ensuite, il avait annoncé un passage musical et fait un signe discret au préposé à la musique. Un infinitésimal mouvement de tête, un discret signe de l'index. Et le gars, pas sûr de lui, avait alors utilisé toute la force de ses poumons :
— Ça veut dire que je peux envoyer le son ?
— Oui !
Le temps était vraiment parfait. Les quelque vingt degrés étaient suffisants, et bien modérés par le vent qui caressait doucement le gazon et les jeunes pousses sur les arbres ombrageant les allées du cimetière, et qui portait le doux bruissement des végétaux, couvert momentanément par un bruit bizarre. Ça faisait :
— *I am an antichrist, I am an anarchist! Don't know what I want but I know how to get it. I wanna destroy the passerby cos i…*
Puis ce fut fini. Les squatteurs s'éloignèrent de quelques pas, et le ballet des croque-morts commença : ils saisirent le cercueil, le portèrent jusqu'à la tombe, puis le descendirent à l'aide de

sangles. Enfin, ils s'éloignèrent et le maître de cérémonie fit signe aux amis du défunt, ses compagnons, ses camarades de manche et colocataires de squat, qu'il était temps de dire au revoir.

Et c'est ce qu'ils firent, à leur façon.

Chacun passa devant la tombe, et y laissa un souvenir de leur vie.

Certains lancèrent dans la tombe des tickets de bus. Les y rejoignirent, au fur et à mesure : une petite coupelle, pour faire la manche, des pièces de monnaie, un pot de colle industrielle – c'est ce qu'il y a de mieux pour faire des crêtes, expliqua le donateur, qui en arborait une magnifique –, un canif, des mitaines, des lacets de chaussures, des briquets, des allumettes, un paquet de tabac à rouler, des feuilles, et même quelque chose qui ressemblait à un énorme joint… Puis plusieurs sortirent des bières. Ils se livrèrent alors chacun au même rituel : debout devant la tombe, ils décapsulaient la bière, la tendaient solennellement devant eux, déclamaient : « À la tienne, mon pote ! », en buvaient quelques gorgées, puis, bras bien tendu, en versaient le reste dans la fosse. Jamais la dernière bière n'avait si bien porté son nom.

Enfin, tous partirent. Unis en groupe, ils sortirent du cimetière, rejoignirent le gardien du chenil improvisé qu'était devenu le petit parking devant le portail du cimetière.

Alors que le corbillard sortait du cimetière, le groupe adressa des signes frénétiques aux croque-morts, leur demandant de s'arrêter. Celui qui faisait office de leader se dirigea vers eux.

— On voulait vous remercier. C'est pour vous.

Il tendait un sac plastique dans un tintement de verre : le sac contenant quatre bières et dix euros.

— C'est notre façon à nous de vous remercier, voilà. Ça nous vexerait si vous refusiez.

— Dans ce cas, on prend. Merci. Mais on est déjà contents si vous avez pu faire votre deuil.

— Ouais. C'est pas le premier pote qui s'en va, mais d'habitude, ils veulent même pas de nous au cimetière. Dites, la prochaine fois, on peut vous appeler, vous directement ?

— Euh… Non, il vaut mieux appeler la police, c'est la procédure. Vous leur demandez de nous appeler, ils nous connaissent.

Puis ils prirent congé.

Lorsqu'ils furent arrivés au dépôt, l'un des croque-morts demanda :

— Et les bières, qu'est-ce qu'on en fait ?

Le maître de cérémonie réfléchit une seconde, et dit :

— Mets-les au frigo. Ce n'est pas ce qui manque, ici.

Petite mort

— Je t'aime ! Je t'aime ! Je t'aime !

Les cris orgasmiques s'élevaient dans l'atmosphère chaude et humide de cet après-midi de printemps. Ils faisaient vibrer l'air et changeaient doucement de nature.

— Oui, oui, oui ! Encore oui ! s'extasiait de bon cœur la jeune fille, exprimant sans ambiguïté sa satisfaction intime à un partenaire nettement plus guttural.

— Rha, oui ! Rhaaaaa, oui ! rétorquait-il, marquant ainsi un accusé de réception sans ambages aux gloussements de jouissance de la demoiselle.

Et son plaisir matérialisé par ces quelques vibrations sonores s'envolait par la fenêtre grande ouverte de la résidence étudiante où elle logeait, et se répandait comme la semence de son partenaire se répandrait bientôt en sa féminité, dont on sentait l'imminence dans le crescendo de ses trilles.

— Je t'aime ! Oui ! Oh oui ! Continue.

Ces vibrations, dont personne ne pouvait remettre en cause l'intensité sonore, s'envolaient donc de la fenêtre du studio au premier étage, franchissaient l'étroite ruelle, bondissaient sans difficulté le petit mur du cimetière, pour atteindre la première tombe. Tout comme la fenêtre – et, vraisemblablement, les jambes de l'étudiante –, celle-ci béait.

Nul doute que, lorsque plus tard l'étalon qui l'avait ainsi comblée se dirigerait vers la fenêtre afin d'y allumer une cigarette, et qu'il apercevrait, devant le funèbre trou béant,

les regards courroucés de la famille en deuil, du maître de cérémonie et ceux, vaguement goguenards et franchement égrillards, des porteurs, qui n'avaient pas loupé une miette sonore de leurs ébats tandis qu'ils enterraient le cher disparu, s'exclamerait-il en contrepoint :
— Oh ! Non !

En musique

C'était une cérémonie civile. Je me penchai vers mon collègue.
— Rappelle-moi, de quoi est-il mort, déjà ?
— Lui ? Il s'est défenestré.
Pendant ce temps, les haut-parleurs continuaient de diffuser la chanson choisie par sa famille : *I believe I can fly*[1].

1. « Je crois que je peux voler ».

Le sens de la formule

L'assistant funéraire est heureux : vendredi, 18 heures. Il va pouvoir profiter de son premier week-end depuis un mois. Guilleret, il traverse le funérarium pour se rendre au parking, croise une famille et machinalement, lance un joyeux :

— Bon week-end, à lundi !

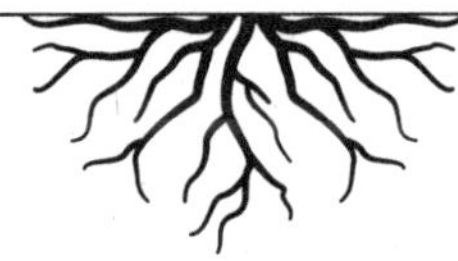

Mon nom est Zheimer, Al Zheimer

Acte 1, téléphone
Le croque-mort : — Les pompes funèbres, bonjour !
La famille : — Bonjour, nous sommes la famille de Madame Martin, voilà, nous sommes au funérarium de l'hôpital et nous attendons votre équipe. Personne n'est encore arrivé, c'est normal ?
Le croque-mort, *regardant son planning* : — Pardon, quel nom avez-vous dit ?
La famille : — Nous sommes la famille Martin, pour les obsèques de Gertrude Martin, décédée mardi dernier.
Le croque-mort : — …
La famille : — Allô ? Nous sommes bien aux pompes funèbres ?
Le croque-mort : — Oui, oui. Restez où vous êtes, Monsieur, ils ne vont plus tarder, maintenant.

Acte 2, le bureau du planning
Le croque-mort standardiste : — Ça te dit quelque chose, la famille Martin ?
Le croque-mort planificateur : — Absolument rien. C'est qui ?
Le croque-mort standardiste : — C'est une famille qui nous attend. Ils disent qu'ils ont organisé les obsèques chez nous et qu'ils attendent l'équipe.
Le croque-mort planificateur, *dans un éclat de rire* : — Mais non, mais non, ne t'inquiète pas. Ils se sont trompés d'entreprise. Chez nous, ça ne peut pas arriver des trucs pareils. Viens,

on va voir le bureau où on traite tous les dossiers des familles reçues cette semaine, si cela peut te rassurer.
Le croque-mort standardiste : — Mais au fait, qu'est-ce qui te fait rire comme ça ?
Le croque-mort planificateur : — Ben c'est un de nos confrères, je plains le pauvre blaireau qui n'est pas foutu d'arriver à l'heure.

Acte 3, le bureau de la directrice
Le croque-mort planificateur : — Madame la directrice, nous avons un problème…
La directrice : — Eh bien, qu'arrive-t-il ? Vous êtes tout pâle. Asseyez-vous donc. Vous voulez un peu d'eau, un médecin ? Qu'est-ce qui ne va pas ?
Le croque-mort planificateur : — Madame la directrice…
La directrice : — Quoi ? Allons, ça ne peut pas être aussi grave, quand même.
Le croque-mort planificateur : — Madame, on a oublié un convoi.
La directrice : — Huhuhu ! Voyons, c'est impossible, avec le beau et efficace système que j'ai personnellement mis en place ! Petit farceur, va.
Le croque-mort planificateur : — Et pourtant, si. J'ai vérifié. Quelqu'un a reçu la famille, organisé les obsèques, pris le chèque d'acompte, déposé le dossier sur le bureau de la planification, et personne ne s'en est occupé. On n'a plus une seule équipe, tous nos corbillards sont de sortie, le cercueil n'est pas prêt, les papiers non plus, la famille attend à la morgue, le curé à l'église, les fossoyeurs au cimetière, et nous, on n'est pas prêts.

Épilogue
Le convoi eut lieu deux jours plus tard. La famille ne déboursa pas un centime. L'affaire fut étouffée.

Idée reçue

Avis à tous les petits comiques qui stipulent dans leurs dernières volontés qu'ils veulent la chanson *Allumer le feu* de Johnny Hallyday lors de leur crémation, pensant faire original : les agents de crématorium me chargent de préciser à ces petits comiques que leur idée est de très mauvais goût, et qu'ils en ont assez d'entendre cette chanson à longueur de journée. Donc, non, ce n'est pas original du tout !

Éric

Éric est mort. Qui est-ce ? Je ne sais pas. Un homme. Il a perdu sa mère très tôt, alors qu'elle était en couches, croit-on savoir. Puis, alors à trois ans, son père. Quelqu'un s'est rendu compte qu'il n'avait aucune famille. Confié à la DDASS, il a grandi en foyer et s'est retrouvé à la rue à sa majorité. Il a travaillé, il a toujours travaillé, sans se faire d'amis. On ne sait pas quand ni comment, il est tombé dans la drogue, mais a continué à travailler et à faire, seul, ce que la société attendait de lui.

Puis, mauvais dosage ? Ras-le-bol ? Il est mort d'une overdose à Nancy. Il habitait dans les Vosges.

Sur son compte, il y avait de l'argent. Chez lui, on a trouvé quelques affaires. Pas de photos de famille, il n'en avait pas. Pas de carnet où noter le numéro de ses amis : il n'en avait pas non plus. Le numéro d'une assistante sociale : elle l'a vu une fois pour l'aider à remplir une déclaration de revenus.

En recoupant certaines informations, les mairies et l'assistante sociale découvrent que son souhait était d'être enterré dans les Vosges, dans la tombe où se trouvait son père, puisque personne n'avait jamais été capable de retrouver la sépulture de sa mère.

La mairie me contacte pour que j'organise les obsèques ; la facture sera directement prélevée sur son compte, avec l'accord des autorités. Je me mets donc à préparer son retour vers les Vosges et son père. Je rencontre alors un problème : son père est enterré à un mètre cinquante. Pour enterrer Éric dans la sépulture, il faudrait exhumer son père, placer ses os dans un reliquaire et enterrer côte à côte le père et le fils. Mais la loi est formelle : pour une exhumation, il faut l'autorisation d'un ayant droit, d'un membre de la famille. Éric n'avait aucune famille, même pas de famille très éloignée. Personne. Ni d'ami qui pourrait témoigner de ses volontés.

Le maire de la commune des Vosges pourrait autoriser la manipulation en vertu de son pouvoir de police, mais la concession a été scrupuleusement payée pour les vingt ans à venir. Théoriquement donc, il n'a aucune raison valable d'exercer ce droit.

Le dossier est porté à la préfecture. La sentence est rendue : Éric a de l'argent, il a une sépulture, il voulait être enterré près de son père, mais comme personne n'a le droit de signer ce papier, et que ce cas n'a pas été prévu par la loi, Éric sera enterré près de Nancy, comme indigent. En d'autres termes : à la fosse commune. La mairie nous paiera pour procéder aux obsèques, et se remboursera sur son compte. Le reste de ses économies sera transféré chez un notaire, qui cherchera un héritier. Et s'il ne trouve personne, l'argent sera reversé dans les caisses de l'État. Ses affaires seront données aux chiffonniers d'Emmaüs. À terme, les restes du père et du fils seront jetés dans un ossuaire, loin l'un de l'autre.

J'ai écrit à l'époque au président de la République pour lui demander de signer ce papier, puisque personne n'avait eu le courage de s'engager. Même si par miracle il m'avait répondu, cela aurait été sans doute trop tard.

Il s'appelait Éric. Il avait quarante-cinq ans. Il a passé sa vie tout seul et tout le monde s'en fiche. Quand il sera enterré, il n'y aura plus personne pour se souvenir de lui. Je voulais qu'il ait sa place ici.

Pour ceux qui se poseraient la question, le président en question n'a jamais répondu, n'a même pas été réélu, et Éric est toujours là où on l'avait déposé, à ma connaissance.

Pornographie

Il était en sueur, en cette belle journée d'été, et presque en transe. Le rythme était bon, il avait l'affaire bien en main, il était concentré sur ce qu'il faisait. Agenouillée devant lui, le buste sur le canapé, nue, humide et bien ouverte, sa femme recevait ses assauts, la tête enfouie dans le coussin. Il sentit monter le plaisir et accéléra le rythme, encore et encore, jusqu'à l'orgasme, et se répandit en elle. Enfin, ses muscles se relâchèrent, il se retira et s'effondra contre le canapé à côté de sa femme qui ne s'était pas redressée, encore abasourdie de plaisir, sans doute.
— Il n'y a pas à dire, chérie, c'est définitivement ma position préférée !
Pas de réponse.
— Chérie ? Chérie ?
Il se pencha vers elle.
Les voisins sursautèrent en entendant résonner son long cri terrifié.
Lorsque les croque-morts arrivèrent, ils virent l'époux – pardon, le veuf – assis dans la cuisine, enveloppé dans un peignoir, en état de choc. Sa femme, elle, reposait toujours sur le canapé, dans la même position, car le médecin du SAMU avait pensé que la police aurait besoin de mener une enquête.

Ce n'était pas le cas : le décès étant parfaitement naturel, si tant est que l'on puisse dire qu'une rupture d'anévrisme est naturelle.

Ses fesses rondes étaient ainsi offertes aux regards, tout comme sa féminité d'où s'écoulait encore la semence de son époux éploré.

Les croque-morts ne bronchèrent pas. De façon très professionnelle, ils déployèrent la housse de corps, se saisirent de la défunte et l'y allongèrent. La housse fut refermée, chargée sur le brancard et convoyée dans le véhicule de transport de corps.

Les croque-morts retournèrent voir le mari pour lui expliquer où ils emmenaient sa femme et quelles démarches il devait accomplir. Prenant congé, ils repartirent vers le corbillard.

Me racontant cette histoire, l'un d'eux me confia un jour, non sans une certaine réticence :

— Pendant quelques mois, j'y ai pensé, lorsque, avec ma femme… Enfin, bref, tu vois.

Carte de visite

Le scooter zigzaguait, doublait, par la gauche ou par la droite, selon l'humeur, franchissait joyeusement la ligne blanche, et la bête au moteur manifestement débridé s'en donnait à cœur joie sur la nationale. La chevauchant, les deux ados semblaient s'éclater, au sens figuré, pour le moment.

Bref, deux sales gosses sur un scooter trafiqué, deux têtes à claques, aux parents *new age* qui avaient considéré que les coups de pied aux fesses, c'était néfaste à la construction d'une personnalité tolérante et ouverte sur le monde.

Ils arrivèrent à destination, le débit de tabac du petit bled paumé de la campagne bretonne, garèrent le scoot. Le premier s'en alla faire l'acquisition de tabac, tandis que l'autre, posté devant la bécane, guettait des meufs à siffler. Il y avait peut-être des 06 à pécho.

Oui, je cause djeun's pour conquérir un nouveau lectorat, allô, quoi !

Le gardien de scoot ne fit pas tout de suite attention à la longue voiture qui se gara derrière lui ni à l'homme en costume qui en descendit et qui se dirigeait vers lui d'un pas déterminé. Lorsqu'il tourna la tête, il pâlit : le type était grand, assez balèze pour lui mettre une sacrée raclée, et n'avait pas l'air de rigoler.

Il l'avait reconnu : pas le type, mais le fourgon. Il l'avait doublé sur la droite, avait accéléré lorsque celui-ci avait tenté de le dépasser, avant de se lancer dans toute une série de zigzags qui adressaient un unique et compréhensible message : « On a décidé de t'en faire voir ! »

Le grand type en costume se planta devant le gamin, le toisa de haut en bas, jeta un coup d'œil rapide au scooter et plongea la main dans sa poche. Il en ressortit une carte de visite, qu'il tendit au gamin.

— Tiens, tu donneras ça à ta mère.

Puis arriva le moment le plus terrifiant : il lui fit un grand sourire et partit sans ajouter un mot.

Le jeune déchiffra la carte de visite et pâlit encore plus, si c'était possible. Dessus, il était écrit « Hervé – Pompes funèbres ».

Malgré son pote qui râlait, il rentra prudemment, roulant bien à droite et respectant les vitesses.

Bras d'honneur

Le pire ? Les trains…

Ce n'est, bien entendu, pas la SNCF en elle-même qui est le pire, mais les gens qui se jettent sur la voie alors qu'un train arrive à pleine allure. J'appartiens à ce club fermé de ceux qui sont allés chercher un mort passé sous un train.

Qu'une chose soit claire, il y a deux genres de personnes : celles qui ont ramassé des bouts de cadavre sur cinq cents mètres après une collision, volontaire ou non, avec un train, et les autres.

C'était un suicide. Aucun doute. L'homme avait laissé une lettre, s'était mis debout dans un virage, là où le train ne pouvait pas le voir, et se l'était pris à 300 km/h. Il y en avait partout.

Bref, on arpentait les voies et les champs avec nos sacs-poubelle pour y mettre les morceaux. On a ramassé ce qu'on a pu, puis, au bout d'un moment, comme on ne trouvait plus rien, on a mis tous les sacs dans une housse de corps, et on est rentrés faire les papiers. Le train est reparti pour l'Allemagne.

Le médecin légiste s'était contenté d'un bref examen et de quelques prélèvements, pour chercher les toxiques. La routine. Il avait noté qu'il manquait des bouts, et les avait supposés emportés par les charognards. Il y avait plein de renards, dans le coin.

L'homme souffrait de dépression, sa femme l'avait quitté, il avait perdu son boulot, rien à signaler. La famille réclamait le corps, on n'avait aucune raison de lui refuser, alors le procureur a signé le permis de crémation.

Il est parti au four, les cendres ont été mises dans la sépulture familiale, et ses proches sont rentrés chez eux, accablés de chagrin et de culpabilité. La routine. Quelques jours après, le gendarme qui nous avait appelé reçoit un coup de fil de la police allemande.
Le collègue parlait français, avec néanmoins un fort accent germanique.
— Ach, ponchour, kollégue ! dit-il.
— Guten Tag ! Que puis-je faire pour vous ?
— Eh pien, zai eine problème, ja, figurez-fous qu'on a été appelés zuite à une inzpektion de routine zur eine train a fous, ja?
— Euh, oui, mais je ne vois pas…
— Fous avez pien un gars qui z'est jeté dessous, ja ?
— Ja, euh, oui !
— Il ne manquait rien ?
— Peut-être, on ne peut pas savoir. Il était dans un tel état !
— Ach ! Definez ? Ze parie qu'il vous manquait un bras !
— Un bras ? Euh, oui, il me semble bien… J'avais vaguement entendu parler de ça.
— Z'est moi qui l'ai trouvé ! Collé dans un coin, sous le train !
— Mince…
— Scheisse, komme fous dites ! Pon, j'en fais quoi ?
— Euh, je ne sais pas trop. Il a déjà été crématisé, je me vois mal annoncer ça à la famille.
— Che comprends. Pon, che vais arranger ça afec le crématorium, on fa faire passer ça pour un déchet d'amputazion, ni fu, ni connu, ja ?
— OK, collègue, merci.
Je lui ai dit que la prochaine fois qu'il viendrait en France, lui et toute sa petite famille, je leur paierai champagne et restaurant. C'était la moindre des choses. N'empêche : le défunt m'a fait un sacré bras d'honneur. Mais que pouvais-je faire ? L'accuser d'outrage à titre posthume ?

Bienheureux les simples d'esprit

Parce qu'il y a la loi, mais qu'il y a aussi l'esprit de la loi et quelques petits détails tels qu'une pincée de psychologie élémentaire, une notion aiguë du système D, et surtout, surtout, du bon sens, on ne peut pas faire n'importe quoi quand on porte l'uniforme d'une société de pompes funèbres.

Le bon sens est la simple faculté de comprendre qu'on ne peut pas faire certaines choses, sans que quelqu'un ait besoin de vous l'expliquer. Bien sûr, cela va de pair avec l'éducation, mais on ne parle pas de grandes études, juste du service minimum : « bonjour », « merci », « au revoir », ce genre de détails. Un peu de logique viendra compléter l'ensemble.

Il y avait un croque-mort, issu d'une grande famille de croque-morts, non pas grande famille dans le sens du vedettariat, simplement dans le sens du nombre d'individus. Une nombreuse fratrie, qui reprenait conjointement l'entreprise familiale, fondée par le père, qui s'était d'ailleurs empressé, lucide quant à la qualité de sa descendance, de diversifier ses investissements.

Il se trouve que le fils aîné, de loin le plus intelligent de la portée, se trouvât à Nancy pour y récupérer un corps. Le défunt devait rejoindre son village natal, pour y être inhumé, quelques centaines de kilomètres plus loin. Il reposerait, en attendant, en maison funéraire, sur place.

La scène se passait un dimanche. C'est important : le service des vacations funéraires du commissariat était fermé ce jour, et c'était donc la patrouille qui s'occupait de la pose des bracelets d'identification. Lesquels bracelets étaient obligatoires pour changer de commune.

Le policier était seul au commissariat. La journée était chargée – il y a des jours comme ça – et, pour la troisième fois, il expliquait au croque-mort que oui, il viendrait dès que possible, mais que tous ses collègues étaient en intervention pour agressions, voies de fait, vols, viols, accidents, violences domestiques, tapages, ce genre de détails, que le mort ne risquait pas de s'enfuir, qu'il ne pouvait simplement pas fermer la boutique. Par boutique, il entendait le commissariat central de Nancy, boulevard Lobau. C'était l'affaire d'une heure ou deux, le temps que ça se calme et que les Lorrains se décident à cesser de s'entretuer et rentrer gentiment regarder Drucker à la télévision.

Le croque-mort attendait depuis trois quarts d'heure, et, réglé sur un tempo métronomique, il appelait le commissariat toutes les dix minutes. C'était entièrement de sa faute : il avait fait les papiers, s'était rendu au domicile, avait placé le corps dans la housse de plastique, et ce n'est qu'à ce moment-là qu'il a appelé la police, en expliquant qu'ils étaient prêts à partir et avaient besoin d'un bracelet. Il aurait dû anticiper.

Le policier raccrocha pour la troisième fois et reprit ses activités à l'accueil. Quelques minutes plus tard, il vit entrer un homme, en costume, à l'air peu éveillé.

— Monsieur ?

L'homme lui retourna un grand sourire.

— C'est les pompes funèbres. Je viens chercher le bracelet.

Le policier, habitué qu'il était aux malentendus, le reprit.

— Chercher le bracelet ? Vous savez bien que seul un officier de police peut le poser. Ce n'était pas la peine de vous déplacer, il fallait attendre sur place.

Le croque-mort rétorqua :

— Ah, mais je sais bien. Il est là, le défunt, juste en bas.

Le policier regarda par la fenêtre. En effet, il vit le corbillard en feux de détresse, et en double file, sur le boulevard.
Il ne put résister à la tentation de prendre son nécessaire, qu'il avait déjà préparé sur le bureau, pour aller voir ce que le croque-mort au front bas avait en tête. Arrivé près du fourgon, le croque-mort ouvrit les portes arrière, ainsi que le compartiment réfrigéré et commença à sortir le brancard. Le policier le stoppa net.
— Oh ! Eh ! Stop ! Tu fais quoi, là ? T'es dingue, non ? Tu ne vas pas sortir un cadavre ici, en pleine artère passante, un dimanche après-midi, pour que je lui mette un bracelet ! Tu veux faire la une de *L'Est républicain* ou quoi ?
L'agent funéraire le fixait, le regard vide.
— Je fais comment, moi ?
Le policier soupira.
— Tu te débrouilles, je ne veux pas le savoir. Ce que je veux, c'est que ce corbillard dégage, et rapidement !
Le croque-mort demanda alors s'il pouvait poser lui-même le bracelet, il saurait comment faire. Le policier accepta, pressé de voir le tout partir. Il aurait volontiers appelé le préfet pour demander une mesure d'internement d'office, s'il avait su quoi faire du véhicule funèbre et de son funeste contenu.
Le croque-mort prit donc le nécessaire pour pose de bracelet et rampa par-dessus le corps, dans le caisson étanche.
L'agent de police se demanda, en voyant ainsi l'homme, dont n'émergeaient plus que les jambes du caisson, s'il n'allait pas finalement demander une mesure d'internement d'office pour lui-même. De toute sa carrière, qui pourtant avait été longue et variée, il n'avait jamais vu cela.
Enfin, le croque-mort ressortit. Des gouttes de condensation provenant du système de réfrigération perlaient sur sa veste, sa chemise et sa cravate. Il remercia poliment le policier, lui rendit la pince à plomber, referma toutes les portes et fit un grand sourire.

— Bon, eh bien, c'est bon, hein ? Je vais y aller.

Le policier explosa. Le croque-mort reçut alors une remontrance comme jamais il n'en avait reçu. Mais l'officier de police n'obtint pour toute réaction qu'un silence, un regard bovin vaguement triste. Au bout de quelques instants, le policier laissa tomber.

Le croque-mort prit congé très gentiment et s'en alla conduire son client dans sa dernière demeure.

Laissé seul, le policier rejoignit son bureau. Il réfléchit un instant, ouvrit un tiroir et en sortit le document qu'il hésitait à remplir depuis plusieurs semaines. D'une écriture appliquée, il compléta les cases pour demander à faire valoir ses droits à la retraite.

Déformation professionnelle

C'était du temps où les croque-morts n'hésitaient pas à venir à n'importe quelle heure au domicile des familles endeuillées pour procéder aux « arrangements préparatoires ». Une équipe fut appelée au milieu de la nuit pour intervenir sur un décès relativement brutal. Le foyer où s'était produit le drame était un endroit heureux, bien que le malheur l'eût touché à maintes reprises. La demeure était habitée par un homme et une femme âgés d'une cinquantaine d'années, qui n'avaient jamais eu d'enfants, mais qui compensaient ce manque par un amour et une complicité que le temps, loin d'éroder, n'avait fait que renforcer. Avec eux vivaient deux nièces qu'ils avaient recueillies après que leurs parents eurent trouvé la mort, de longues années auparavant. Une mort atroce dans un accident de la route : prisonniers de l'épave de leur voiture en feu, ils avaient brûlé vif sous les yeux des deux fillettes.

Or donc, l'équipe intervint. Puisque c'était un temps où l'on prenait le temps de faire les choses bien, il y avait un conseiller funéraire, un thanatopracteur et deux agents. L'équipe se présenta au domicile pour constater que la tante était décédée. Atteinte d'une longue maladie, son état avait brutalement empiré, et elle était morte en quelques heures. Dans la maison, tout le monde était sous le choc. Les filles étaient en larmes et l'oncle ne semblait pas réaliser.

Le transfert du corps avait été compliqué. Les deux nièces s'étaient accrochées au corps de leur tante, tandis que son époux, debout à côté, balayait la pièce d'un regard à la limite de l'abrutissement, comme s'il voyait tout ce qui l'entourait pour la première fois. Malgré l'agitation qui régnait, il était seul avec lui-même.

Le corps finit tout de même par être emmené au funérarium, à la demande du mari, quelque peu redescendu de son nuage. Le conseiller funéraire resta donc seul au domicile, avec les nièces pleurantes et le mari de la défunte, arborant désormais un calme surnaturel. Celui qui précède les tempêtes.

Le conseiller en question était, comme bien d'autres dans cette petite ville côtière de province, un ancien marin. Dans la Marine nationale, il avait été fusilier marin, et plus précisément commando. La quarantaine venue, fatigué de crapahuter à travers le monde déguisé en buisson, il avait fait valoir ses droits à la retraite, et avait trouvé dans le civil ce poste de conseiller funéraire. C'était quelqu'un qui savait ce qu'était le danger : il s'était trouvé plusieurs fois suffisamment près de la mort pour lui serrer la main, et avait acquis, comme ses camarades, la faculté de garder son sang-froid et de réfléchir en cas de situations critiques. *Ecce homo*.

Assis autour de la table du salon, tous les quatre remplirent donc les papiers et prirent part aux arrangements préparatoires. Tout fut choisi, il n'y avait plus, le lendemain, qu'à contacter les officiants pour convenir du jour. Pour le règlement, l'époux précisa :

— Tout revient aux filles, vous transmettrez la facture au notaire, il vous réglera.

Personne ne broncha. Il précisa ensuite que la tante et lui avaient souscrit chacun une assurance-vie au profit de leurs nièces, et qu'elles ne manqueraient de rien. Là, un signal d'alarme tinta à l'oreille du conseiller, mais sans qu'il pût l'identifier précisément. Enfin, le mari ajouta que, pour ses obsèques à lui, il voulait la même chose. Là, les nièces réagirent :

— Mais non, tonton, ne dis pas des choses pareilles.

Il ne sembla pas les entendre. La rédaction des ultimes papiers s'acheva. L'oncle insista alors pour que le conseiller prît un café.
— On vous a fait venir en pleine nuit, Monsieur, c'est bien le moins qu'on puisse faire.
Et tous se retrouvèrent assis, autour de la table, avec une tasse de café devant eux.
— Tout est en règle ? s'enquit l'oncle.
Le conseiller le lui confirma,
L'oncle se leva alors, lançant « Pas tout à fait, excusez-moi », et partit dans le couloir de l'appartement, sans doute chercher un papier quelconque.
Le conseiller resta alors seul avec les nièces éplorées, dans un silence seulement entrecoupé de leurs sanglots, devant sa tasse de café fumant, et un coup d'œil discret à sa montre lui apprit qu'il était quatre heures cinq du matin. Quelque part dans sa tête, la petite alarme continuait de sonner.
Le silence fut rompu par un coup de feu et le conseiller vit se mettre en place les indices ténus qui s'étaient présentés devant lui sans qu'il pût les reconnaître.
Les nièces, plus jeunes, rapides, et au fait de la conformation des lieux, l'avaient précédé dans la chambre de leur oncle. Ainsi, le tableau qui se présenta sous ses yeux était le suivant : l'oncle gisait sur le lit. De part et d'autre de son cadavre encore agité de soubresauts, et à demi étendues sur lui, les nièces hurlaient leur douleur devant ce drame. Dans la main du récent défunt, encore fumant, le pistolet automatique Beretta 92 F, et sur le sol, une cartouche de 9 mm parabellum. La pièce sentait le sang et la cordite.
Le conseiller, ex-fusilier commando, vit ces détails s'imprimer dans son esprit dont les rouages tournaient à toute allure. Ses idées se rejoignirent sur un point : l'arme chargée, et les deux nièces hystériques. La promiscuité de ces éléments lui semblait vraiment dangereuse. Alors il laissa son entraînement reprendre le dessus,

prit l'arme, mit la sécurité, fit tomber le chargeur qu'il glissa dans sa poche, éjecta la cartouche engagée dans le fût et démonta ensuite le Beretta dont il laissa les éléments tomber à terre. Puis il se dirigea vers le téléphone et, après s'être demandé un instant quelles seraient les personnes les plus aptes à l'aider, il appela SOS Médecins, puis la police.

Vingt minutes plus tard, l'endroit grouillait de nièces hystériques, de cadavre avec un trou dans la tête, de médecins avec des seringues de calmants et des certificats de décès, et de policiers énervés qui criaient :

— Ne touchez à rien !

Le conseiller, oublié un temps dans son coin, vit se diriger vers lui un homme qui semblait dire : « Ça ne me plaît pas d'avoir été tiré du lit à quatre heures et demie du matin, ça ne me plaît pas ce foutoir, et ça ne me plaît pas ces civils innocents qui mettent le bazar dans mes investigations. »

— Bonsoir, M'sieur, dit le policier, ou plutôt bonjour.

— Bonsoir, Inspecteur, parce qu'à l'époque, les policiers s'appelaient encore inspecteur, et non lieutenant.

— Dites, vous pouvez peut-être m'expliquer un truc, parce que je ne comprends pas, là !

— Quoi donc ?

— Vous dites que l'oncle s'est suicidé ?

— Oui. Quasiment sous mes yeux.

— Vous avez dit à mon collègue que vous aviez été militaire ?

— Oui.

— Donc, vous connaissez le calibre de cette arme ?

— Oui, du 9 mm para.

— Alors, expliquez-moi comment ce type a pu se loger 20 g de 9 mm para dans la tête, puis se lever, démonter son flingue, en ôter le chargeur, le mettre dans votre poche, et *tutti quanti* ?

— Mais votre collègue ne vous l'a pas dit ? Je le lui ai expliqué, pourtant.

— Si. Mais j'aimerais que vous me le disiez, vous.
— Eh bien, c'est simple : la femme était morte subitement, l'homme s'est suicidé, et les deux nièces, déjà éprouvées par un drame dans leur enfance, en plein délire hystérique, se trouvaient à proximité de l'arme. J'ai estimé qu'il y avait eu suffisamment de drames comme cela, et j'ai donc pris sur moi de la rendre inutilisable.
— Vous avez estimé.
— Oui.
— Vous avez estimé devoir démonter une pièce à conviction sur le lieu d'un décès par arme à feu.
— Oui.
— D'accord, eh bien moi, je vais estimer à plusieurs heures le temps qu'il va me falloir pour remplir toute la paperasse, expliquer ça au procureur, etc. Et je suis déjà fatigué, vous comprenez ?
— Je suis désolé pour vous, mais, en tant que militaire, j'ai pris les mesures qui s'imposaient.
C'était la phrase à nc surtout pas dire. Celle du militaire expliquant au fonctionnaire ce qu'il fallait faire. La boulette.
— Eh bien, je me permets de vous corriger : vous n'êtes plus militaire. En revanche, moi, je suis inspecteur de police, et vous êtes en garde à vue à compter de maintenant, pour destruction de preuves, et parce que vous m'exaspérez profondément.
Le croque-mort passa quelques heures dans une cellule sordide, avec les alcooliques, poivrots, et autres ivrognes, avant que le directeur des pompes funèbres ne fût averti et ne vînt le sortir de ce guêpier.
Les deux hommes n'échangèrent pas un mot avant d'avoir regagné la voiture. Une fois à l'abri des oreilles indiscrètes, ils eurent l'échange suivant :
— Bon, dit le directeur.
— Bon…

— Heureusement, le commissaire est un ami. Il m'a toutefois recommandé, pour garder la face devant ses hommes, de vous infliger une sanction.
— Je comprends.
— Je vous mets donc à pied une semaine. J'étalerai la rétention de salaire sur six mois, pour que ce soit indolore. Ça reste entre nous.
— Merci, Monsieur.
— Il m'a aussi recommandé de vous augmenter. Je vais y réfléchir.
— ... ?
— Et il m'a fait savoir qu'il sera là ce soir.
— Ce soir ? Mais pourquoi ?
— C'est évident, voyons : une histoire comme la vôtre, vous avez vraiment cru que vous pourriez échapper à la tournée générale ?

Le saviez-vous ?

Corbillard

Durant les épidémies de peste du XIVe siècle, encore elles, les corps amoncelés à Paris posaient un véritable problème. Des fosses communes avaient été creusées entre Paris et la ville de Corbeil. Le plus simple à ce moment-là pour évacuer les corps était d'utiliser un bateau qui faisait la liaison entre Paris et Corbeil, et qui était appelé le « corbeillard ». Le nom resta, fut étendu à tous les véhicules funéraires et, par déformation, donna *corbillard*. Les habitants de Corbeil-Essonnes seront sûrement désolés d'apprendre que leur jolie commune est à l'origine d'un si funeste substantif.

Réquisition de police*

**Avec Serge Reynaud*

Quand des policiers trouvent un mort, ils appellent la confrérie des joyeux croque-morts, dont je suis. Cela s'appelle une « réquisition ». En gros, on vient, on ramasse et on envoie la facture au procureur. Qui la paie quand il a le temps et le budget, à moins qu'il n'ait retrouvé la famille du défunt à qui il envoie ladite facture. Et là, c'est une autre histoire... En général, la patrouille appelle le central, qui appelle un médecin, éventuellement légiste, un officier de police judiciaire (OPJ) si nécessaire, et les pompes. Le tout dans l'ordre, ce qui nous permet de discuter avec la patrouille, en attendant que chacun arrive et fasse sa petite affaire.

Un soir, une patrouille est appelée par les voisins d'un appartement d'où émane une « nuisance olfactive ». Deux policiers se présentent donc à la porte, comprennent que le logement est occupé par une petite vieille terrifiée, réussissent, en déployant des trésors de psychologie, à se faire ouvrir la porte, et entrent dans un dépotoir. Des sacs-poubelle éventrés jonchent le sol, l'entrée est dans un état de saleté incroyable, l'odeur est suffocante. La vieille femme, elle-même, se trouve dans un désordre mental manifeste. L'un des deux policiers ayant réussi à engager le dialogue avec elle, son collègue décide de jeter un petit coup d'œil dans le reste de l'appartement afin de constater l'étendue des dégâts. L'agent resté avec la dame est surpris d'entendre

son collègue l'appeler, d'une voix bizarre, un peu trop aiguë peut-être :
— Viens voir !
— Je suis occupé, là !
— Oui, oui. Mais viens voir.
Dans le genre « maintenant, tout de suite, si tu veux bien ! »
Il rejoint son collègue dans une chambre proche. S'y trouvent : une armoire, une commode, deux lits jumeaux et un cadavre d'homme.
Soigneusement recouvert jusqu'au cou d'une couverture ignoble, sur un matelas imprégné de fluides corporels coagulés, le corps semble être là depuis six à dix mois. Les coprophages et nécrophages ont depuis longtemps déserté, ne trouvant plus de pitance sur les os où ne subsistent que des lambeaux de chair desséchée. Les deux hommes en ont vu d'autres, mais tout de même…
Ils retournent voir la vieille femme, après avoir par radio appelé un OPJ en renfort en insistant sur l'urgence de l'intervention. Très mal à l'aise, le policier qui avait établi le contact se lance.
— Euh, Madame, vous savez, il y a quelqu'un dans le lit, dans la chambre…
— Oui, c'est mon mari !
— Mais, Madame, il n'y a rien qui vous choque ?
— Non, quoi ?
— Il est mort, Madame. Il est mort depuis un moment, Madame.
La vieille le fixe, son regard perdu dans un vide auquel même elle sans doute n'a pas vraiment accès, puis déclare :
— Ah… Je me disais, aussi, qu'il n'était plus très causant, ces derniers temps…
La femme a été internée, l'homme inhumé. Leur fille a fait livrer une couronne, n'a fait aucun problème pour régler la facture du procureur et n'a pas jugé utile de se déplacer.

De l'électricité dans l'air

C'était une réquisition de police, pour un suicide. Une patrouille nous attendait devant la porte de la maison, et le collègue avec qui j'étais de permanence m'avait dit:
— On se rejoint sur place, et on fait vite parce que j'ai du monde à la maison.
Je finissais ma deuxième cigarette devant la maison, en l'attendant, lorsque, enfin, se fit entendre le bruit de son diesel qu'il poussait à des régimes affolants, même à froid. Ce qui m'avait laissé le loisir d'examiner les lieux. La maison était typique du style urbain bourgeois brestois, vaste et cossu à l'intérieur, gris et austère à l'extérieur. On entrait par un couloir central qui distribuait une enfilade de pièces. L'escalier se trouvait au fond du corridor, à l'opposé de la porte d'entrée. Il était assez large pour que nous ne fussions pas gênés.
Un des policiers présents sur place m'avait accompagné pour repérer les lieux, et on avait bavardé le temps d'une cigarette. Une voisine avait prévenu le fils de la femme que nous étions venus la chercher: elle s'inquiétait de n'avoir vu sa mère ni au marché la veille, ni au club de Scrabble le soir même, alors que c'étaient ses principales sorties hebdomadaires. Elle avait sonné et téléphoné et avait conçu une vive inquiétude face au silence qui lui répondait. Seul un évènement grave aurait pu détourner cette dame de ce qui constituait ses seuls loisirs.
Le fils, après avoir tenté en vain de joindre sa mère, avait décidé d'agir. Il s'était déplacé au commissariat de la ville où il résidait,

dans le centre de la France, et avait demandé au policier de service d'appeler ses collègues brestois afin qu'ils intervinssent, produisant les pièces d'identité qui prouvaient sa légitimité par rapport à sa demande. Précaution superflue – un appel aux pompiers eût suffi –, mais néanmoins intelligente.
Ainsi, les pompiers, accompagnés de la patrouille de police, avaient enfoncé la porte, qui était verrouillée de l'intérieur. En fouillant la maison, ils avaient trouvé sur la table de la salle de séjour le livret de famille, divers documents bancaires et administratifs, ainsi qu'une lettre de suicide. Ils surent alors qu'ils trouveraient un cadavre, et reprirent la fouille de la maison.
Ce fut à l'étage qu'ils la trouvèrent, dans la salle de bains. Vêtue d'une chemise de nuit, elle s'était installée dans la baignoire emplie d'eau, et y avait plongé son sèche-cheveux. À part quelques brûlures superficielles, quelques signes indiquaient que le décès remontait à plus de vingt-quatre heures, c'était supportable. Tout au plus, le visage de la défunte avait l'air crispé, ce qui n'avait rien de surprenant.
Je fus aussi soulagé que les policiers quand j'arrivai en repérage sur les lieux. C'était propre, net, d'accès facile, ça changeait un peu des pendus, et c'était moins désagréable que les suicidés par arme à feu. Le sèche-cheveux était toujours dans la baignoire et, ne sachant pas vraiment si la police en avait fini avec ses relevés, je l'y laissai.
Nous en étions là, finissant nos cigarettes, indifférents au crachin brestois, lorsque mon collègue arriva. C'était un assistant funéraire et un bon ami, qui avait deux modes de fonctionnement : il pouvait être aussi sympathique et patient que pénible, selon son humeur et les circonstances. Ce soir-là, quand il m'avait appelé, j'avais immédiatement compris que ce serait le mode pénible.
Il arriva donc, à fond de train, s'arrêta au frein à main, descendit de sa voiture et commença par un tonitruant :

— Bon, on ne perd pas de temps, qu'est-ce que tu attends pour sortir le matériel ?

Pas de « bonsoir » au policier à côté de moi, rien. Ça commençait bien ! Il le salua distraitement en passant. Comme je lui faisais remarquer que le matériel était en place, la civière dans le couloir, le brancard en haut, ainsi que la housse, et que j'avais pris des gants pour nous deux, il rétorqua :

— Eh bien alors, on y va, qu'est-ce que tu attends ?

Déboulant comme une furie dans la maison, il lâcha à la police :

— Bonsoir. Bon, on va faire vite, parce que j'ai du monde à la maison. Le poulet est au four, vous savez comment c'est…

Nous tous attendions patiemment qu'il ait fini de raconter sa vie. Quelques échanges de regards entre la police et moi furent un grand moment de communication non verbale.

— Comme il vous parle !

— Je sais, je sais, pas d'importance.

— Il est toujours comme ça ?

— Non, pas souvent. La plupart du temps, il est très bien, c'est pour cela qu'il est encore en vie.

Nous finîmes par monter. Là, mon collègue poursuivit son show.

— Bon, je prends les pieds, et toi les épaules. Allez, on ne perd pas de temps, on y va.

Et il me bouscula pour entrer dans la petite pièce ; je manquai alors de heurter le policier à côté de moi.

— Fais attention ! eut-il le culot d'ajouter.

Je sentais le policier à deux doigts de la bavure ; moi, j'avais passé le stade de l'outrage pour me complaire dans une morne résignation.

Au pas de course, le collègue enfila ses gants, ouvrit la housse, m'enjoignant de me dépêcher, manqua de peu de la déchirer, finit par la positionner sur le brancard, cria :

— Allez, on y va !

Il se tourna, plongeant presque dans la baignoire afin d'en sortir la dame.
Le policier avec qui j'avais discuté, le plus âgé des trois, lâcha alors, d'un air nonchalant, à l'adresse d'un de ses collègues :
— Tu sais si l'OPJ a débranché le sèche-cheveux ?
Avez-vous déjà vu un homme se transformer en statue de sel ?
Tout à coup, mon collègue s'immobilisa, les doigts à quelques millimètres de l'eau. Il était devenu très pâle. Puis il se releva brusquement, émit un son bizarre, et s'effondra sur le lavabo.
Un bref instant, je crus qu'il allait faire un infarctus.
Les plombs avaient bien sûr sauté et il n'y avait plus de courant.
Mais, dans ces moments-là, il est difficile de raisonner.
Finalement, il se remit de sa peur. Nous finîmes la réquisition, avec mon collègue revenu en mode sympa, en prenant le temps qu'il fallait. Je dus même insister pour qu'il rentrât chez lui, expliquant que je m'en sortirai très bien tout seul à la morgue.
Il partit donc, en roulant normalement.
— Il va être à la bourre, sa femme ne va pas être contente, le poulet sera trop cuit, me dit le policier en partant.
Il ajouta, ne se privant pas de ce dernier menu plaisir :
— L'ambiance va être électrique, chez lui.
Nous ne parlâmes jamais de l'incident. Mon collègue passait de temps en temps en mode insupportable, mais moins souvent, me semblait-il. Il faut dire à sa décharge qu'il avait suffisamment d'autres qualités pour compenser ces moments-là.
Je recroisai le policier quelques fois après cela, au hasard des interventions. Jamais, en me voyant, il ne manqua de me poser la même question.
— Salut ! Oh, il n'est pas avec toi, Duracell ?

Un problème de taille

C'était une remise d'urne, classique, efficace : une minute de silence, recueillement devant l'urne posée sur la petite table, avant l'inhumation au cimetière.
Tout le monde se taisait, religieusement – quoique ce fût civil – quand soudain, la veuve se tourna vers moi.
— Vous êtes sûr que c'est mon mari ?
Ah oui, Madame, sûr et certain, je l'affirme, l'assure.
— Il y a le nom écrit dessus ?
Je tourne l'urne, lui montre la petite étiquette. Elle hoche la tête, l'air pensive. Non, il y a manifestement quelque chose qui la tracasse. C'est ce que lui dit son fils, qui la sent aussi préoccupée.
— Il y a un problème, maman ?
— Eh bien, je n'ai pas l'impression que c'est ton père.
— Maman, le monsieur a déjà expliqué que c'est bien lui, que c'est sérieusement contrôlé. Pourquoi t'inquiéter ?
— Eh bien… En fait, je le voyais plus grand…

Frappez, on vous ouvrira

Un beau jour, des enfants dans l'affliction, la peine et la douleur – qui sont mon pain quotidien – viennent me trouver pour me demander d'organiser les obsèques de leur mère.
Cette dame est décédée dans une maison de retraite spécialisée dans les soins de la maladie dont elle était atteinte.
En entrant dans l'établissement, c'était la première fois qu'elle quittait son quartier. Elle était née dans son quartier de Nancy, y avait grandi, rencontré son mari, ils y avaient acheté leur premier appartement, puis une petite maison à l'autre bout de la rue. Lorsqu'elle fut atteinte de cette affection, elle resta le plus longtemps possible chez elle et, finalement, ne survécut que deux mois à son déménagement devenu inéluctable.
La famille me demande donc d'organiser la cérémonie dans l'église de la paroisse dont elle dépendait. À Nancy.
J'appelle le curé, lui explique le cas. Il me demande quelques renseignements, puis, lorsque je lui annonce le lieu du décès, il m'interrompt :
— Attendez, cette maison de retraite, elle y vivait ?
— Oui, mon père, elle s'y trouvait depuis deux mois.
— Ah ! Alors vous devez contacter l'église dont dépend sa paroisse.
— Mais, sa paroisse, c'est votre église ! Elle y a été baptisée, y a fait sa communion, elle s'y est mariée, y a fêté ses noces d'or, elle y a fait les obsèques de son mari !

— Oui, mais elle ne vivait plus dans le quartier. Je ne peux pas m'amuser à célébrer les obsèques de tous ceux qui se sont mariés dans mon église, sinon ce serait le désordre! Je ne peux rien pour vous.

Et il raccroche.

Une petite chose qu'il vous faut savoir: depuis un incident au début de ma carrière, je mets toujours le haut-parleur lorsque j'appelle un intermédiaire. Ainsi, ledit intermédiaire ne peut dire à une famille mécontente: «Ah, mais je n'ai pas dit ça! La personne des pompes funèbres vous a raconté n'importe quoi!» sous peine de se voir rétorquer: «Si, vous l'avez dit, on était là, on l'a entendu.»

Donc, les enfants étaient là, bouche bée, en état de choc.

Ce fut le fils qui le premier explosa.

— Malgré tout le respect que je dois aux hommes d'Église, quel sale con!

Le reste fut à l'avenant. Plus tard, l'évêque reçut un courrier, auquel, à ma connaissance, il n'a toujours pas daigné répondre.

J'aimerais pouvoir vous dire que tout a fini par s'arranger, que l'ange Gabriel en personne est intervenu pour intercéder en faveur de cette petite paroissienne si pieuse et si fidèle. Mais non. Les siens lui ont fait leurs adieux dans la chapelle de la maison de retraite, froide et anonyme; une jolie cérémonie, faite par une petite dame très gentille, qui s'est excusée au début de l'absence de prêtre, mais il n'y en avait plus beaucoup, à cause de la crise des vocations. Personne n'a eu le cœur de lui dire qu'elle expliquait cela à un parterre de personnes que l'Église venait de perdre définitivement.

N'est-ce pas Jésus qui a dit: «Frappez, on vous ouvrira. Car quiconque demande, reçoit, celui qui cherche, trouve, et l'on ouvre à celui qui frappe»?

Pourboire

Je regardai, un peu médusé, comme tous mes collègues, l'homme se précipiter vers moi avec sa liasse de billets à la main. Planté devant moi, il en sortit un de vingt euros, et me le tendit.

— Tenez, c'est pour vous, c'était vraiment très bien, merci.

Et il repartit en courant vers un autre collègue.

Machinalement, je jetai un coup d'œil, juste pour m'assurer qu'il ne tomberait pas dans le trou, la tombe où l'on venait de descendre le cercueil de son père.

Derrière mon collègue, c'était un cul-de-sac. Il fit demi-tour. Repassant devant nous, il me vit là, bras ballants, toujours médusé, le billet de vingt euros encore à la main. Dans notre métier, les pourboires sont rares, et jamais aussi généreux. Là, c'était un billet pour chacun.

Sa femme l'interpella.

— Tu as pensé aux fossoyeurs ?

— J'y vais, répondit l'homme, joignant le geste à la parole.

Les deux marbriers et le fossoyeur, en général les grands oubliés, virent se précipiter vers eux l'homme, petite tornade hystérique, agitant ses billets. Chacun en reçut un. Je faillis éclater de rire devant l'air médusé des marbriers : habitués aux pires conditions, c'étaient sans doute les plus difficiles à étonner de la profession. Puis l'homme s'arrêta net. Balayant l'horizon du regard, il vit qu'il n'y avait plus personne à arroser. Je le vis regarder sa liasse, et j'eus l'impression qu'il comptait pour savoir s'il avait assez de billets pour faire une deuxième tournée.

Des réactions étranges à un deuil, j'en ai déjà vu, mais jamais rien de tel.

Puis l'homme fit demi-tour. Il s'avança vers la tombe, à côté de laquelle je m'étais placé, répondant à un discret signe du maître de cérémonie. Les bords étaient friables, et le gars un peu foufou.

L'homme avait à présent besoin de parler. Ça allait, j'étais en territoire connu.

— Ça doit vous paraître bizarre, non ?

— Chacun réagit à sa façon, répondis-je, prudent.

Quand on y pense, c'est étonnant le peu de croque-morts qui se lancent dans une carrière diplomatique, ou l'inverse : nous sommes pourtant champions toutes catégories de la circonvolution.

L'homme semblait toujours aussi heureux.

— Mon père était un homme formidable, intelligent, aimant. Il a contracté une horrible maladie, un cancer qui l'a rongé des années. C'était atroce. Ses traitements le faisaient autant souffrir que sa maladie.

J'acquiesçai de la tête.

— Ça a duré des années, je vous l'ai dit ? Et on a assisté, jour après jour, à sa déchéance. On n'a manqué aucune souffrance. Il était condamné, et on ne l'a pas laissé mourir. Lui, c'était tout ce qu'il voulait, rejoindre maman. Mais les médecins ne l'ont jamais lâché. Tous des vautours.

Son regard se voila d'amertume, puis cela passa, comme une tempête sur une mer placide. Il me regarda et sourit à nouveau.

— Maintenant, c'est fini. Il ne souffre plus. Il est enfin en paix. Vous comprenez ?

— On n'aime pas voir les gens qu'on aime souffrir, dis-je.

Son sourire était lumineux.

— Bien sûr, nous avons eu la joie de le garder plus longtemps avec nous. Quelle joie ? Une joie égoïste. Je suis content que ce soit fini. Il ne méritait pas ça.

Il tourna à nouveau son regard vers la tombe.

— Papa…

Là, sans bruit, il se mit enfin à pleurer.

À MÉDITER

Discussion dans une soirée.

— Moi, je fais de l'évènementiel !

— Ah bon ? Ça a l'air intéressant ! Tu fais quoi, au juste ?

— Eh bien, je discute avec l'organisateur de la soirée pour cerner son projet, j'obtiens toutes les autorisations nécessaires auprès des autorités, et enfin, je coordonne les moyens logistiques et humains pour organiser l'évènement. Et toi, tu fais quoi ?

— Moi, je travaille aux pompes funèbres.

— Tiens, c'est original. Et ça consiste en quoi ?

— Je fais exactement la même chose que toi.

Poser une colle

La famille était rentrée dans l'agence de pompes funèbres et avait directement demandé le responsable, Hervé.

— On nous a dit que c'était vous qu'il fallait venir voir, que vous étiez un spécialiste des cérémonies civiles, même les plus compliquées.

— Je fais de mon mieux, avait prudemment répondu Hervé.

— C'est pour notre père. Il vient de décéder, nous tenons absolument à lui rendre hommage. Seulement, il y a un problème.

— Ah, lequel ?

— Pour faire simple, c'était un abruti.

— Hum, pardon ?

— C'était un abruti. Voyez-vous, nous étions tous fâchés avec lui. Il était également en conflit avec ses voisins, avec tout le monde. La seule solution pour ne pas être en conflit avec notre père, c'était de ne pas le connaître, voire de ne pas le croiser.

— Ah ! Et vous voulez tout de même lui rendre hommage.

— Oui, parce que notre mère, qui elle était une sainte, n'aurait pas supporté qu'on lui manquât de respect. Et aussi parce que, bon, c'était notre père. On l'aimait quand même.

— Mais, que voudriez-vous exactement ? Il faut que je comprenne bien.

— Une cérémonie à l'image de ce que je viens de vous dire. Dire que c'était notre père et qu'on l'aimait tout de même un peu, mais rappeler subtilement que c'était malgré tout un abruti. Sinon, les gens vont penser qu'on était hypocrites.

Croyez-le ou non, Hervé y est parvenu. Lors de la cérémonie, l'assistance a souri, parfois, mais elle en est ressortie les yeux rouges. Tout le monde était unanime : c'était peut-être un abruti, mais il avait bien élevé ses enfants.

« *Spécial* »

Dans les pompes funèbres, il y a une certaine extension de la tolérance et du respect de la différence, et vous noterez l'utilisation rare ici de ces vocables à la mode.

Cette tolérance extensible se vérifie par l'emploi du mot *spécial.*

— Quel mot spécial ? demanderez-vous.

— Eh bien, le mot *spécial.*

— Oui, mais quel mot ?

— *Spécial,* le mot « spécial ».

Pour ne pas se montrer bêtement méchant, trop descriptif, voire insultant, en émettant un jugement de valeur fondé sur sa personnalité et ne tenant pas compte de la vaste diversité du monde, on ne dira pas, par exemple :

— Cette famille-ci est folle à lier.

Ou encore :

— Ceux-là sont de foutus salauds qui n'attendent qu'une chose, c'est d'aller chez le notaire.

Non, on dira :

— Ils sont spéciaux.

Ce n'est pas une règle universelle, bien sûr. Mais je l'ai suffisamment souvent constatée pour en parler. Si vous voulez travailler dans les pompes funèbres, il faut savoir manier l'euphémisme.

Par exemple, on ne dira pas :

— Il vaut mieux que je ne vous présente pas le corps de votre parent, parce que ça faisait six semaines qu'il était par terre quand on l'a trouvé, il est noir et gonflé, il grouille de vers, il y a des fluides corporels partout, il pue comme vous n'imaginez même pas, et ne venez pas me faire croire que vous vous souciiez de lui, fils indigne, qui ne lui avez même pas téléphoné tout ce temps.

On préférera :

— Je vous déconseille de voir le corps, le temps a fait son œuvre et il n'est pas présentable.

Toutefois, si l'on vient de gagner au loto et qu'on veut quitter son poste avec panache, on pourra ajouter : « Fils indigne ! » Il conviendra d'éviter cet ajout dans la plupart des autres cas.

Je sais. C'est un boulot spécial.

Si l'assistant funéraire qui a reçu la famille n'est pas également le maître de cérémonie qui officierait, il prévient celui-ci que la famille est « spéciale ».

Bruno n'était pas de ces maîtres de cérémonie-là. Il ne tolérait pas l'emploi de ce mot. Pour lui, il n'y avait pas de famille spéciale, juste des conseillers funéraires au champ lexical réduit. Au début de sa carrière, il tançait vertement qui lui passait les consignes sans pouvoir expliquer précisément ce que la famille avait de si particulier, mais au fil des années, il avait progressivement laissé choir toute velléité de précision, faisant confiance à son expérience.

Celle-ci était grande : vingt ans de pompes, quelques milliers de cérémonies à son actif. Lorsqu'il entrait sur le lieu de la mise en bière, un regard lui suffisait pour jauger la situation : l'ambiance, les personnes, les rapports entre elles.

Bruno était une « face de marbre ». Disons, et c'est un euphémisme, qu'aucun espoir de médaille ne lui serait jamais concédé lors d'un championnat d'expressions faciales. Ce qui le rendait d'un abord glacial. Quand on le connaissait mieux, on découvrait un homme qui avait vécu, calme, patient, dénué de la moindre trace de méchanceté, intelligent et fin psychologue.

Un maître de cérémonie, un vrai.

Or donc, suivi par son équipe, il s'en alla frapper à la porte du salon, lorsque vint l'heure de procéder à la mise en bière. Il entra, et l'un de ses hommes resta à la porte, discret, au cas où il y aurait un problème.

Certains réagissent de façon violente à la douleur de la perte d'un être aimé, cherchent des responsables. Ainsi les croque-morts, qui font disparaître le cher défunt contre rétribution, sont-ils des cibles faciles pour une colère qui voudrait frapper à l'aveugle.

L'homme à la porte, c'était moi. De là où j'étais, j'avais un point de vue imprenable, et franchement, même si à cette époque je nourrissais déjà quelques ambitions, je me réjouis aujourd'hui encore de ne pas avoir été à sa place ce jour-là. Il y a les convois qu'on fait, ceux qu'on aurait aimé faire, et ceux qu'on est content de ne pas avoir faits. En tant que maître de cérémonie, s'entend.

Il dit :

— Bonjour, Messieurs et Mesdames.

Il continua.

— Je suis Bruno X, le maître de cérémonie. Je vais vous accompagner, avec mon équipe, pour les obsèques de votre père.

Ils étaient sept dans le salon : sans doute l'épouse du défunt, au moins un ou deux de ses fils, sa fille, des conjoints ; on ne savait pas grand-chose. Et lorsque Bruno était entré dans le salon et avait commencé à parler, ils étaient debout, en demi-cercle, regardant le défunt. Personne ne bougea. Lorsque Bruno se présenta, l'un des fils (à voir sa ressemblance, le mort en plus jeune) tourna à peine la tête vers lui, le regard vide, le fixa comme il l'eût fait pour une mouche importune dans son verre, et détourna la tête, pour fixer à nouveau le défunt.

Je sentis Bruno marquer une hésitation.

Il poursuivit.

— Avec votre accord, nous allons enlever les fleurs, puis nous procéderons à la mise en bière. Si vous voulez bien quitter la pièce l'espace d'un instant, je viendrai vous chercher lorsque Monsieur sera dans son cercueil.
Rien. Silence. Personne ne lui avait accordé ne serait-ce qu'un regard. Enfin, la veuve, sans un mot, quitta la pièce, et tous les autres suivirent. Bruno ferma la porte côté public derrière eux, s'étant assuré qu'ils ne s'éloigneraient pas trop.
Il se tourna vers nous, pâle, la sueur lui perlant le front.
— C'est quoi, ce plan ? Bon, les gars, fleurs, mise en bière, j'ai un truc à vérifier.
Il revint cinq minutes plus tard, un pli soucieux barrant son front d'airain.
— Alors ? demandâmes-nous, puisque nous savions qu'il était allé voir le conseiller funéraire qui avait reçu la famille.
— Alors… Rien.
Puis, sentant qu'il nous laissait sur notre faim, il expliqua :
— La famille a eu la même attitude pendant tout le réglage. Ils ont prononcé moins de dix mots durant l'entretien. En une heure quinze, dix mots.
— Chacun ?
— Non. À eux tous.
Il semblait prêt à sangloter.
— Ce ne sont pas des sourds-muets, ni rien de ce genre, simplement, ils font comme si on n'était pas là.
— Et nous, on est censé faire quoi ?
— On va faire notre boulot. Simplement, je ne sais pas encore comment.
Ce qu'on fit.
Après la mise en bière, Bruno retourna chercher la famille. Tous entrèrent dans le salon sans lui accorder un regard.
Puis ce fut l'heure de fermer. Encore une fois, Bruno annonça la fermeture puis, face à l'absence totale de réaction, il nous

fit signe d'agir. Alors que nous approchions avec le couvercle du cercueil, sans un mot, ils sortirent. Tous. D'un bloc. Sans un mot. Ils pivotèrent sur leurs talons et marchèrent vers la sortie.
Bruno eut à peine le temps de lancer : « On se retrouve sur le parvis de l'église » que déjà ses derniers mots se prenaient la porte dans le nez et s'effondraient, endoloris et sanguinolents.
À l'église, lorsque nous arrivâmes, personne n'attendait sur le parvis. La famille était déjà à l'intérieur. Bruno alla saluer le prêtre, un petit vieux sympathique, qui l'accueillit comme le messie.
— Ils sont bizarres. Ils ont refusé de lire des textes, ou quoi que ce soit. Ils sont taiseux.
— Oui, répondit Bruno, c'est le moins qu'on puisse dire…
Nous restâmes assister à la cérémonie.
Jamais nous n'avions vu un curé aussi perdu. Il était assisté d'une laïque, et les deux se jetaient régulièrement des regards en coin, où le désespoir laissa peu à peu place à la résignation.
La famille se levait quand il fallait se lever, s'asseyait au moment de s'asseoir, mais ne chantait pas, ne répondait pas « amen » au moment voulu, ni même ne daigna réciter le *Notre Père*.
Lorsque vint la bénédiction finale, ils se levèrent, bénirent à tour de rôle le cercueil, puis sortirent.
Au cimetière, la même.
Pas un mot, pas un geste, toujours ce demi-cercle oppressant.
Bruno fit son *speech*, le commun, celui de base.
Nous procédâmes à l'inhumation. Puis, après avoir pris congé, nous rentrâmes.
Autour de la machine à café, les équipes de retour de convoi devisaient. Nous ne savions même pas comment raconter notre histoire.
Ce fut Bruno qui trouva les mots. Cela fit un choc à tout le monde.

Il dit ceci :
— La famille était… spéciale. Oui, c'est le mot. Spéciale. Je n'ai jamais vu ça.
Puis il se commanda un cappuccino à la machine à café, ignorant le silence consterné qui l'entourait : il avait vu pire.

La boussole de la foi

L'homme, assez jeune, était décédé des suites d'une longue et douloureuse maladie. Comme il était marocain, sa famille avait décidé de l'envoyer reposer au pays, dans la terre de ses ancêtres. Nous avions pris le corps en charge, la mise en bière était faite, tout le monde était passé à la mosquée, pour la prière des morts, mais, pour des raisons techniques, le cercueil ne pourrait embarquer que le lendemain dans l'avion.
Nous avions alors pris la décision de mettre à la disposition de la famille une chambre funéraire, à titre gracieux.
De retour de la mosquée, donc, nous acheminâmes le cercueil vers son lieu de « villégiature », avant le grand voyage, sous le contrôle des deux imams.
Ah oui, j'avais oublié ce détail : l'oncle du défunt était un imam marocain qui, pressentant la fin prochaine du neveu, était venu en France. Pour des raisons que je n'ai jamais vraiment élucidées, il ne pouvait y exercer son ministère. La famille avait donc convié l'imam officiel à s'occuper du cérémonial, l'oncle faisant office de « conseiller spirituel ». Une simple question de courtoisie, peut-être, tout simplement.
Arrivés à la maison funéraire, nous déchargeâmes le cercueil et je l'acheminai sur un petit chariot, dans le salon.
Là se trouvaient toute la famille et les deux hommes de foi.
Le Marocain était vêtu traditionnellement : djellaba immaculée, longue barbe taillée droit qui lui tombait jusque sur la poitrine, Coran en main, dont il n'avait d'ailleurs nul besoin, puisqu'il

le connaissait par cœur. L'imam français, quoique marocain lui aussi, portait un pantalon de toile beige, une chemise grise, et une barbe de trois jours façon Vincent Cassel.
Et les deux se chamaillaient à qui mieux mieux.
Il fallait orienter précisément le cercueil pour que le défunt regarde en direction de La Mecque. D'après mes estimations, les deux hommes avaient un désaccord de trente degrés. Le jeu se jouait ainsi : chacun d'eux assénait un argument précis, avant de se tourner vers moi et de dire :
— Tourne-le un peu vers là, encore, encore, encore. Stop ! Parfait !
Suite à quoi l'autre intervenait.
— Mais non. Ce matin, à l'heure de la prière, la constellation était dans cette direction depuis la mosquée. La mosquée se trouve par là-bas, donc La Mecque, c'est par là ! Donc, tourne le cercueil par là, encore, encore. Stop ! Parfait.
Et ainsi de suite.
Au bout d'un moment, pris de passion par le sujet, les deux hommes passèrent à l'arabe. Plus aucun d'eux ne me donnait de consignes, et je m'étais mis respectueusement en retrait. Un ami de la famille se trouvait non loin de moi. Il me dit, avec un petit sourire navré :
— Excusez-nous, hein.
Personne d'autre ne bougeait : ils n'auraient osé interrompre, dans un débat aussi primordial, deux docteurs du Coran.
— Il n'y en a plus pour très longtemps, rassurez-vous, poursuivit l'homme.
— Ah bon ? demandai-je. Comment le savez-vous ?
Il sourit encore.
— Je viens d'envoyer mon fils chercher une boussole.
J'osai poser la question qui me taraudait.
— D'accord. Pourquoi n'attendent-ils pas la boussole, tout simplement ? Et d'ailleurs, je me demande pourquoi ils n'en ont pas demandé une tout de suite.

L'homme soupira.
— Oui, nous aussi. Mais comme ils ne semblaient pas y penser… Le plus dur, ça ne va pas être de trouver une boussole. Non, le plus dur, ça va être de faire en sorte qu'ils croient que l'idée vient d'eux. Sinon, ils vont se vexer.

Le samedi à Kerangoff, c'est le jour du mariage

À Brest, Mamadou et Maryam se mariaient.
Ce jeune couple s'était rencontré inopinément et leur destin, jusque-là morne, en fut bouleversé.
Mamadou était venu en France, seul, pour y faire des études. Son Congo natal lui avait semblé bien loin lorsque, posant le pied sur le Tarmac, il se retrouva sous le crachin breton et le visage fouetté par le vent. Durant des années, il étudia assidûment, aimé de tous ses camarades, qui louaient unanimement ses qualités, sa gentillesse, son calme, son sens de l'entraide.
Lui, pourtant, se sentait péricliter intérieurement et, lorsque le soleil se montrait, ce dernier lui semblait distant et pâle, comparé à celui de son Afrique natale, astre majestueux baignant d'une lumière écrasante la terre aride et mystérieuse aux yeux occidentaux, cette terre qu'il continuait d'appeler « chez moi ».
Un soir, alors qu'il sortait de la boulangerie où il venait de s'offrir un de ces paris-brest dont il raffolait tant, en récompense de ses excellents résultats aux partiels, Maryam le percuta de plein fouet, faisant décrire à la précieuse pâtisserie une trajectoire dont la courbe majestueuse ne laissait rien ignorer de l'issue fatale.
Mais Mamadou n'en avait cure : il n'avait désormais d'yeux plus que pour Maryam qui le fixait encore hébétée par la surprise et le choc, bredouillant quelques inintelligibles excuses. À son tour, il voulut s'excuser, la rassurer, lui dire que ce n'était rien,

vraiment, que tout cela n'avait aucune importance, l'essentiel étant qu'il était juste instantanément tombé amoureux de sa grande beauté, qu'elle n'avait nul reproche à se faire... Mais tout ce qui sortit de ses lèvres fut un borborygme quelque peu idiot. Ils se fixèrent un instant en silence, leurs lèvres remuant seules, cherchant à prononcer l'indicible, puis éclatèrent ensemble d'un rire extraordinairement joyeux, limpide et cristallin, qui résonnait comme un défi au monde de venir gâcher ce bonheur.
Quelques mois plus tard, Mamadou, devenu entre-temps professeur agrégé de mathématiques, et Maryam, secrétaire quadrilingue dans l'import-export, se dirent oui devant les hommes à la mairie de Brest, et oui devant Dieu dans une petite église de la commune.
Sortant de l'église, le jeune couple souriant irradiait de bonheur. Attroupés au pied des marches de l'escalier, leurs proches, venus tout exprès du Congo – rapportant à Mamadou les nouvelles du pays – et de Guipavas, du côté de la mariée, prenaient force photos, jetaient du riz et des confettis multicolores, chantaient et dansaient sous le soleil brestois, ville que Mamadou appelait désormais « chez moi », comme il nommerait tout endroit où se trouverait sa chère Maryam. Il tourna le regard vers sa femme, l'admira et se demanda pourquoi soudainement les yeux de son épouse semblaient sortir de leurs orbites. Il suivit la direction de son regard...
— On est mal.
— Qu'est-ce qu'on fait, chef ?
— On se gare le long du trottoir et on essaie de se faire oublier.
Dans le corbillard, les yeux tout aussi exorbités que ceux de Maryam, les quatre croque-morts fixaient les mariés qui sortaient de l'église où ils devaient conduire leur client pour son dernier voyage. Une centaine d'Africains, dans leurs boubous colorés, les fixaient stupéfaits, des saladiers de riz à demi vides et des appareils photo dans les mains.

Ils les fixaient, eux, et – les croque-morts le savaient avec une conscience aiguë – la vingtaine de véhicules de la famille du défunt, qui les avaient suivis en cortège à travers toute la ville. Et moi, au volant d'un corbillard de deux tonnes, rempli à ras bord de fleurs, de croque-morts et d'un cercueil, je cherchais désespérément comment j'étais censé « me faire oublier ».
En entrant dans l'église avec le cercueil, les croque-morts durent faire attention : un tapis de grains de riz, c'est traître, ça glisse.
Nous apprîmes plus tard que le prêtre, un jeune, avait convenu lui-même des heures de mariage et d'enterrement avec une légèreté due au manque d'expérience : on lui avait dit qu'un mariage, ça ne durait pas longtemps.
Mamadou et Maryam connaissaient-ils cette superstition locale quelque peu tombée en désuétude selon laquelle il est considéré comme un bon présage de croiser un corbillard lors de son mariage ?

Tu n'oublies rien ?

C'était une réquisition comme on n'aime pas : le corps, énorme, gonflé, noir, gisait dans ses fluides corporels, en ce logement exigu.

Lequel logement était constitué d'un studio en rez-de-jardin – ou plus exactement en « rez-de-bitume » – tout en longueur. Le défunt gisait entre le lit métallique et le mur. Étant donné les dimensions étroites de la pièce, corps et lit occupaient à eux deux toute la largeur dudit logis.

La police avait sorti des lieux quelques fusils de divers calibres, du 22 long rifle au fusil de chasse avec cartouche pour le sanglier. Le corps ne permettait pas de distinguer les causes de la mort. L'homme avait-il retourné contre lui le pistolet calibre 22 qui gisait à quelques pas du corps ? L'on ne pourrait pas le savoir sans un solide nettoyage sur une table d'autopsie. Après avoir saisi les armes et fait constater le décès par un médecin – qui avait signé le certificat rien qu'à l'odeur –, la police nous avait appelés pour emmener le corps à l'institut médico-légal.

Nous étions trois sur les lieux, deux collègues de permanence et moi qui les avais accompagnés parce que je passais par là et qu'un coup de main n'était jamais superflu. Assez fiers de leur prise, les policiers nous avaient montré le stock d'armes saisies et déposées dans un camion.

— Allez-y, on a tout enlevé.

Nous entrâmes dans le logement et fûmes obligés de marcher sur le lit pour passer de l'autre côté du corps. Après maintes tergiversations, nous en vînmes à la conclusion que nous allions nous casser le dos si nous posions notre brancard sur le lit et y hissions le corps. Le défunt souffrait en effet d'une surcharge pondérale assez importante, et nul doute qu'à l'autopsie, le médecin lui conseillerait de surveiller son cholestérol. Les médecins adorent donner ce genre de conseils. En l'occurrence, il n'y avait que peu de solutions pour gagner de l'espace, il fallait soulever le lit et le plaquer contre le mur.

Ce que nous fîmes.

Mais le « blang ! blang ! blang ! », lui, n'était pas vraiment prévu au programme. Il semblait correspondre au bruit d'un objet métallique, le lit, heurté par un autre objet métallique.

Les policiers attendaient dehors : pourquoi s'infliger l'odeur d'un cadavre en putréfaction lorsqu'on s'en passe très bien ? Ils virent sortir un croque-mort. Le croque-mort en intervention est censé porter une combinaison protectrice blanche, des surchaussures protectrices en plastique et d'énormes gants protecteurs. Mais il n'est pas censé brandir des armes à feu de gros calibre en demandant à l'OPJ présent sur place :

— Pardon, vous êtes sûr que vous n'avez rien oublié ?

Crash

L'appel tomba du poste de police de la rue Colbert à 19 h 45. Réquisition. C'était dans un champ de Guipavas, l'aéroport international de Brest.
La standardiste de la police, jeune sans doute, n'avait pas plus de précisions. Un crash d'avion près de Guipavas. C'était la panique, il fallait que les pompes funèbres interviennent. Puis la communication fut coupée. « Sans doute une perturbation électromagnétique causée par la carcasse de l'appareil », songea l'assistant qui avait reçu l'appel le plus perturbant de sa vie. Il appela donc son collègue de permanence, l'ambulancier, qui s'installait avec un café dans son fauteuil, en prévision du journal de 20 heures. Celui-ci était loin de se douter que, très exactement deux minutes et dix-sept secondes plus tard, son cœur allait manquer un battement, son mug préféré allait choir sur le sol, brisant sa anse et répandant son contenu sur le parquet, que son fauteuil serait violemment propulsé contre le mur lorsqu'il s'en relèverait trop brutalement, et qu'il manquerait de renverser un petit meuble en glissant sur la mare de café, au moment où une voix familière lui annoncerait un crash d'avion à Brest-Guipavas. C'est en pilotage automatique qu'il rejoindrait son collègue, sur les chapeaux de roue et que, tous les deux, dans l'ambulance, traverseraient Brest, en cette heure délicate où le jour et la nuit se rencontrent et s'échangent de mystérieuses paroles que le vent emportera à l'horizon avec la chaleur de la journée. Et ainsi fut fait.

L'ambulance funéraire traversait la ville à une vitesse prohibée, avec deux croque-morts à bord.
Le premier, front plissé par la concentration, s'efforçait de penser à la route, uniquement la route, qui défilait sous lui à une vitesse indicible, et aux feux rouges qu'il ignorait, et aux ronds-points qu'il traversait à fond de train. Il chassait de son esprit les flammes, les corps brisés, déchiquetés, carbonisés, les membres amputés qui jonchaient le sol, la nuit qui clignotait du bleu des gyrophares, les hommes désemparés qui couraient en tous sens à la recherche d'un espoir, d'un signe de vie, à l'arrière-plan, la carcasse gigantesque de l'appareil transformé en cercueil et, au premier plan, posé sur la pelouse arrosée de kérosène, un doudou, qui avait appartenu au plus jeune des passagers, victime expiatoire de la folie des hommes dans leur course inexorable au progrès et à la conquête des cieux malgré la leçon donnée par les dieux à Icare, enfant qui emporterait avec lui les dernières traces d'innocence de tous ceux qui seraient présents sur les lieux.
Il sentait couler sur son visage les larmes et la sueur. Un avion s'était écrasé à Guipavas.
Le second appelait, appelait sans relâche. D'abord son chef, le directeur de région Bretagne Nord, qui à son tour allait appeler tous ses bureaux pour mettre les équipes en alerte. Les gars de repos seraient rappelés, tout le matériel disponible serait en route dans quelques instants pour Brest-Guipavas. Il appelait ensuite les autres chefs d'autres régions pour obtenir la même chose. À chacun, il décrivait les flammes, les corps brisés, la nuit qui clignotait du bleu des gyrophares, les hommes désemparés qui couraient en tous sens à la recherche d'un espoir, d'un signe de vie, à l'arrière-plan, la carcasse gigantesque de l'appareil transformé en cercueil…
Et Brest défilait, indifférente, les dernières lueurs du jour affleurant son architecture austère de ville d'après-guerre, dont la

beauté n'apparaissait pas à l'œil, mais au cœur des Brestoises et des Brestois qui se donnaient la peine de regarder leur ville autrement que comme une suite de rues. L'air marin caressait leurs narines, portant tous les effluves du monde, portés par les océans, mais le monde resterait indifférent au drame vers lequel ils se précipitaient. Rue Jean Jaurès. Place de Strasbourg. Puis la rue de Paris. Enfin, ils se trouvèrent à Coataudon-Tourbian, ils bifurquèrent vers l'aéroport et, enfin, suivant les indications, ils virent les estafettes garées sur le bord d'un petit chemin de campagne. Avec eux, quelques pompiers. Sans doute le barrage.

— Bonsoir, Messieurs. Vous avez fait vite !

— Aussi vite qu'on a pu. C'est où ?

— C'est là.

Le policier montrait un champ, caché par un talus.

— D'accord. Les renforts sont en route. Les pompiers vont ouvrir une voie ? Où va-t-on faire la chapelle ardente ?

— La quoi ?

— La chapelle ardente... !

Un blanc se fit. Monsieur Le Doute fit voir le haut de son crâne.

— Vous savez, pour les victimes !

— Les vic... Euh, dites, les gars, qu'est-ce qu'on vous a dit, exactement ?

— Eh bien qu'un avion s'était crashé. Ce n'est pas ça ?

— Si, c'est rigoureusement exact. Un *Cessna 172 M,* je crois. Quatre places. Mais il n'y avait que le pilote à bord. Il a fait un infarctus et a raté son atterrissage en catastrophe... Eh ! dites, ça va, les gars ? Vous êtes tout pâles !

Le pont de la rivière Styx

À Bernard

L'homme était veuf depuis peu. À soixante-dix ans, c'était tôt. Il dépérissait. Il n'allait même plus dans sa résidence secondaire, à la campagne, où lui et sa regrettée femme avaient passé tant de bons moments. Il restait cloîtré dans leur appartement de Brest, qu'ils occupaient uniquement l'hiver, habituellement. Il ne sortait pas, ne faisait rien, ne vivait plus.

Et ses enfants se demandaient quoi faire.

Ce fut presque accidentellement qu'une de ses petites-filles fit la découverte qui allait tout changer. Un après-midi, alors qu'elle devait rester chez lui en attendant que ses parents finissent le travail, elle lut un article sur un film qui venait de sortir, et demanda à son grand-père de l'accompagner au cinéma.

Celui-ci, pour lui faire plaisir, accepta.

Le dimanche suivant, à table, il parla avec animation et joie des films qu'il avait vus. À la surprise générale, il avait aimé le cinéma, et était retourné trois fois voir d'autres longs-métrages. Ses enfants se cotisèrent alors pour lui offrir un grand téléviseur et un home cinéma.

Le retraité s'abonna à des magazines, qu'il lisait en écoutant les bandes originales de ses films préférés, attendant le mercredi, jour de sortie. Il enchaînait alors les nouveautés jusqu'au week-end. Il mettait un point d'honneur à voir tous les films qui sortaient.

Puis, l'âge faisant son œuvre, il ne put plus faire le déplacement jusqu'aux salles obscures. C'était sur son téléviseur dernier cri qu'il continua de s'adonner à sa frénésie cinéphilique. Il vit et revit tous les chefs-d'œuvre du septième art.
Puis il mourut. *Tempus fugit.*
Il n'avait pas de croyances, il souhaitait une cérémonie civile, il avait pris ses dispositions. Pour cela, il avait établi un programme très précis. Il partirait sur les airs de ses films préférés.
Et c'était ce qui inquiétait Bernard.
Il nous avait prévenus, nous, les porteurs.
— Les gars, il va falloir garder votre sérieux.
Nous, on se demandait pourquoi.
Nous attendions derrière la porte. Bernard devait s'assurer que tout le monde était bien installé, puis il lancerait la musique, traverserait, solennel, la salle pour aller ouvrir la porte. Nous franchirions alors les quelques mètres de l'allée avec le cercueil, installerions les fleurs autour, une fois celui-ci déposé sur ses tréteaux, et nous nous retirerions au fond de la salle jusqu'à la fin de la cérémonie.
Rien de compliqué. On se demandait vraiment ce qui inquiétait Bernard.
Nous attendions depuis quelques minutes lorsque, enfin, la porte s'ouvrit. Bernard devait juste l'ouvrir et s'effacer pour nous laisser passer. Au lieu de quoi, il fit un inhabituel pas à l'intérieur du couloir technique, et nous chuchota, l'air menaçant dissimulant difficilement le petit sourire mi-jovial mi-moqueur qu'il avait toujours :
— Sérieusement, les gars, si j'en vois un qui rigole, ça va barder !
Enfin, nous avançâmes. Solennels, nous apportâmes le cercueil jusqu'à sa place, passant entre les membres de l'assistance, debout et affligés. Nous accomplîmes notre tâche avant de nous retirer. Dehors, après avoir mis une distance prudente

entre nous et la salle où officiait Bernard, nous pûmes enfin pousser un soupir qui ressemblait à un rire nerveux.

Le petit vieux avait préparé sa cérémonie. Il avait choisi les musiques de ses films préférés. Et plus que tout, semblait-il, il souhaitait entrer dans la salle sur les sifflements guillerets et entraînants du *Pont de la rivière Kwaï*.

Bien (trop) souvent entendu

— Au moins, tes clients ne sont pas pénibles.

Géopolitique

Tout avait commencé dans une contrée lointaine et exotique. L'homme était là pour bâtir des éoliennes, pour que la population ait de l'électricité. Ou était-ce une école ? Afin que les enfants puissent élever leurs âmes vers la science et contribuer un jour à faire de leur pays une grande et belle nation. En fait, je ne sais pas. Il construisait peut-être une léproserie. Il avait été envoyé là par la France pour accomplir une mission. Et l'issue de cette mission améliorerait un peu le monde.

Et, ce soir-là, il sortait de son travail. Il avait traversé le marché, souriant aux autochtones aimables qui lui souriaient en retour, admirant le tissu coloré de leurs vêtements, humant les effluves d'épices, s'émerveillant devant la texture parfaite des fruits sucrés. La foule était clairsemée, à cette heure ; il traversa donc rapidement le marché et repéra le petit restaurant où ses collègues l'attendaient déjà.

Il salivait d'avance à l'idée des plats épicés qu'il dégusterait, accompagnés d'un jus d'orange pressé devant lui avec des agrumes gorgés de soleil.

Il ne fit pas attention à l'homme qui l'avait dépassé, ni ne releva le regard empli de haine qu'il lui lançait. Il levait la main pour saluer ses amis, à quelques mètres, lorsque le terroriste déclencha sa ceinture d'explosifs, et tout fut fini.

La France récupéra ce qu'il restait de son corps déchiqueté, et l'envoya dans un cercueil zingué chez lui.

C'était, conformément à ses volontés, une cérémonie civile.
Elle serait suivie d'une crémation.
La grande salle de cérémonie était bondée.
D'un côté était assise la veuve. C'était une belle jeune femme. Ses yeux clairs et ses longs cheveux blonds tombant en cascade sur ses frêles épaules distrayaient le regard et retardaient la perception d'une information pourtant capitale : elle était enceinte. Les yeux rouges, baissés, elle se tenait là, digne malgré sa souffrance. Elle suscitait l'admiration. Ses amis l'entouraient.
De l'autre côté de la salle se tenait la famille du défunt : ses parents, son frère, sa sœur, leurs conjoints, les neveux, les nièces.
La cérémonie, émouvante, se déroula sans incident ; la veuve pleura, en silence, mais resta digne. Quand tout fut fini, elle se leva, se dirigea vers le cercueil de son époux, y déposa le petit bouquet qu'elle tenait à la main, qui était, avait-elle confié au maître de cérémonie, l'exacte reproduction de celui qu'elle avait à leur mariage, puis déposa un baiser sur sa main dont elle effleura ensuite le cercueil. Enfin, elle retourna s'asseoir. La famille, qui avait soigneusement regardé ailleurs pendant tout ce temps, se leva alors à son tour.
Les regards des employés des pompes funèbres avaient un peu de mal à dissimuler leur réprobation. Quelle famille cruelle ! Mettre à l'écart cette jeune veuve, enceinte, et qui savait rester si digne, malgré l'épreuve qu'elle traversait !
Puis le cercueil fut enlevé pour être conduit au crématorium.
Sur l'esplanade, devant la salle de cérémonie, deux groupes s'étaient formés. D'un côté, la si jolie et si digne veuve, qui recevait les condoléances avec retenue, un petit sourire et un petit mot pour chacun, et de l'autre, la famille, le visage fermé, austère. L'équipe fut surprise de voir son responsable technique aller serrer la main des membres de la famille et s'attarder près du frère, échangeant quelques mots avec lui.
Enfin, il revint vers l'équipe.

— Tout s'est bien passé ?
— Oui, sans problème. Tu connais la famille ?
— Le frère du défunt, oui, nos enfants jouent au foot ensemble.
— Ah, je comprends ! Dis, ne prends pas ça mal, hein, mais…
— Oui ?
— C'est une sacrée bande de malotrus ! Ils n'ont pas un regard pour la veuve, alors qu'elle attend quand même leur petit-fils ! Je suis sûr qu'il y a une histoire d'argent là-dessous !
— C'est vrai !
— Ah, tu vois !
— Cependant, je vais t'expliquer quelque chose. Tu vois, le frère, il a réussi dans la vie. Un grand ingénieur qui a, avec ses premiers salaires, fait des investissements judicieux. De l'argent, il en a plus qu'il n'en a besoin. La famille possédait un manoir depuis plusieurs générations, mais les parents n'avaient pas d'argent pour l'entretenir. L'ingénieur l'a racheté, rénové, et a laissé ses parents y habiter. Un jour, il a rencontré une femme, de quinze ans plus jeune que lui. Ça a été le coup de foudre. Ils se sont mariés.
— Belle histoire. Où est le problème ?
— Eh bien, il a appris que, pendant ses déplacements à l'étranger, elle était, disons, occupée.
— Elle le trompait ?
— Oh que oui ! D'ailleurs, il était à l'étranger depuis un mois quand elle est tombée enceinte.
— Ah oui, je comprends qu'ils ne le prennent pas bien.
— D'autant plus qu'il avait dit à son frère qu'une fois en France il demanderait le divorce, mais il n'a laissé aucune trace écrite. Donc la veuve hérite de tout. L'argent, les assurances-vie, les indemnités de l'État et la demeure familiale. Le lendemain de l'annonce du décès, elle a envoyé un recommandé aux parents pour qu'ils quittent les lieux sur-le-champ. Sans compter que pour l'entourage, elle reste la veuve si digne d'un homme

bien, victime du terrorisme aveugle. La famille, elle, n'a rien, rien pour se souvenir de lui, rien du tout. Alors, tu compatis toujours ?
De concert, ils se tournèrent vers la veuve. Elle avait toujours le même petit sourire, mais ils le voyaient différemment.

La bonne taille

J'étais en train de préparer le contrat obsèques d'un couple assez âgé, lorsque je vis arriver Monsieur et Madame à notre rendez-vous pour choisir cercueil et capiton. Monsieur était vêtu très élégamment, alors que d'habitude, je le voyais toujours en tenue plus décontractée.
Et là, dans la salle des cercueils, il commence à se poser des échantillons de capiton sur l'épaule, Madame commentant chaque fois.
— Celui-ci peut-être… Ah non ! Là ça ne va pas !
Bien que je m'efforçais toujours de laisser chacun faire comme il lui plaisait, un air vraiment interrogatif dut se peindre sur mon visage, parce que Madame m'expliqua que c'était pour voir si cela irait avec son costume. Je demandai naïvement :
— Êtes-vous sûrs que ce sera ce costume que Monsieur portera au jour de son trépas ?
Madame s'exclama :
— Oh oui ! Il le porte pour l'occasion aujourd'hui, mais sinon on le garde bien précieusement. On l'a fait faire sur mesure, c'est son costume de quand il sera mort.

La décision

Elle était jeune. Elle était morte. Elle était morte trop jeune, de la façon la plus cruelle et injuste qui soit : assassinée par son amour. Elle était tombée sous les coups de son amant, qu'elle aimait éperdument et qui la battait comme un boxeur battait son sac de sable.
La salle était comble. Chaque siège était occupé, la foule se pressait, compacte, sur les côtés, debout, et les portes étaient restées ouvertes pour les gens qui piétinaient dans le hall d'entrée. De vastes baies vitrées donnaient sur la terrasse et, malgré le crachin, elles étaient grandes ouvertes. Là aussi, des centaines de personnes se recueillaient, en silence, indifférentes aux intempéries.
La famille était connue. La mère avait été emportée par un cancer, quelques années auparavant, et le père avait fait au mieux pour élever ses quatre enfants. Ils étaient là, au premier rang. Le père aussi, au milieu d'eux, de leurs conjoints, de ses petits-enfants. Immobile, pétrifié. Il se sentait coupable. Sa fille avait bien tenté de lui parler, mais, lui, avait refusé de l'écouter. Il croyait qu'elle voulait s'ouvrir à lui de ses problèmes de cœur et avait achevé la conversation d'un laconique :
— T'es une grande fille, tu te débrouilles.
Il aurait pu l'aider s'il l'avait écoutée, se répétait-il sans cesse, dans son enfermement. Du moins, c'est ce que ses enfants supposaient.
Depuis qu'il avait passé la commande aux pompes funèbres – commande qui se résumait à « Tout ce que vous avez de mieux,

rien n'est trop beau pour ma fille» –, il n'avait pas prononcé trois mots.
Il était là, au premier rang, fixant le mur devant lui, le visage fermé, mais les yeux rougis.
Autour de lui, des murmures. Personne ne savait quelle attitude adopter. Fallait-il le laisser tranquille? Aller lui parler? Quelle attitude adopter face à un tel drame?
Un autre sentiment dominait: la colère. L'assassin croupissait en prison, mais ne se sentait pas pour autant coupable de quoi que ce soit. Il avait même demandé la permission d'assister aux obsèques de la femme «qui l'avait provoqué» parce qu'il l'aimait et ne lui gardait pas rancune. Le juge avait ironiquement rétorqué que, si ça ne tenait qu'à lui, il accepterait volontiers, mais que sa hiérarchie verrait d'un mauvais œil qu'il envoyât son justiciable en toute connaissance de cause avec une simple escorte de quatre policiers au milieu d'une foule de plusieurs centaines de personnes qui, toutes, voulaient sa mort.
Mais la nouvelle était parvenue aux oreilles de la foule. Et ces gens d'habitude si modérés, tolérants, calmes, prononçaient désormais des mots comme «lynchage» ou «peine de mort».
Les croque-morts sentaient la tension, presque palpable. Et elle monta d'un niveau lorsque le cercueil arriva. Les quatre croque-morts, mal à l'aise, le portaient à l'épaule. Ils entrèrent dans la salle par le fond. La foule s'écartait sur le passage de la boîte blanche, et se refermait derrière eux comme la mer sur les armées du pharaon. Dans la salle principale, les gens assis se levèrent au passage de l'équipage, et lorsqu'il perçut le mouvement, le père se tordit le cou pour regarder. Son regard se riva sur le cercueil et ne s'en détacha plus. Celui-ci fut déposé sur les tréteaux dorés, et les dizaines de bouquets de fleurs furent disposés tout autour.
Les gens se turent, ceux qui avaient un siège se rassirent. Le maître de cérémonie prit position derrière son pupitre, l'adieu allait commencer.

Mais rien ne se passa. Le père était toujours debout, seul, et fixait le cercueil de sa fille. Autour de lui, ses autres enfants se regardaient, affolés : que faire ? Fallait-il le pousser à s'asseoir, lui dire quelque chose ?
Dans un silence presque surnaturel, le père fit un pas, puis un autre, et parvint, lentement, jusqu'au cercueil. Sans le quitter des yeux, il leva alors sa main et la posa dessus, à l'endroit où se situait le cœur de la défunte. Son regard n'avait pas cillé. Il ne prêtait plus attention à rien ni à personne.
Le maître de cérémonie ne savait que faire. Il regarda la famille, mais il n'y avait nulle aide à attendre de ce côté-là : personne n'osait bouger. Il leva les yeux, et vit que son équipe était là au grand complet, prête à intervenir si besoin était. Il se sentit rasséréné : il n'était pas seul dans la fosse aux lions.
Mille paires d'yeux allaient et venaient entre lui et le père, attendant de voir ce qui allait se passer.
Le père tourna son regard, un bref instant, vers lui, puis à nouveau vers le cercueil. Il ne bougerait pas.
Le maître de cérémonie prit alors sa décision.
Il commença la cérémonie, comme si de rien n'était. Lança les musiques, fit les transitions, appela ceux qui devaient lire, puis invita l'immense foule au geste d'adieu. Chacun, alors, passa devant le cercueil, y posa la main, un baiser, quelques pétales de roses blanches. Le père ne bougea pas, ne quitta pas des yeux le cercueil, comme si le reste n'existait pas.
Puis tout fut fini. Les porteurs s'approchèrent alors, prudents, mais, lorsqu'il les vit, le père se contenta d'ôter sa main, s'éloigna d'un pas, et les laissa faire leur travail. Il ne réagit pas plus lorsque l'ascenseur qui apportait le cercueil au crématorium descendit. C'est seulement lorsque tout fut achevé qu'il se tourna vers le maître de cérémonie.
Il le regarda dans les yeux, lui dit simplement : « Merci » et lui tendit une main que le maître de cérémonie serra. Il le regarda ensuite partir, seul au milieu de la foule, les épaules voûtées.

L'art d'être grand-mère

C'était l'été. Un beau mois de juillet, avec assez de soleil pour mettre du baume au cœur des gens et assez de pluie pour faire verdir la campagne. C'étaient les vacances, et les rues brestoises étaient désertes, comme toujours en cette période de l'année, lorsque le petit jeune rentra chez lui. Nous installâmes son cercueil blanc laqué dans le salon de ses parents, où les proches viendraient se recueillir les trois prochains jours.

À dix-sept ans, ses vacances en Vendée s'étaient interrompues un soir, ou plutôt un matin, alors qu'il rentrait de discothèque avec des amis et que leur voiture avait rencontré celle d'un chauffard ivre. Le chauffeur de celle où se trouvait le jeune homme n'avait rien bu. Sur les cinq occupants du véhicule des jeunes, trois étaient morts, un se trouvait dans un coma profond. La cinquième ne savait pas encore si elle remarcherait un jour.

L'ivrogne n'avait pas une égratignure. S'il y a un dieu pour les poivrots, il s'appelle Satan.

Le corps martyrisé du jeune homme se trouvait donc dans le salon de la grande maison de ses parents. Ses trois frères et sœurs ne savaient pas trop que faire, errant autour de la bière, l'air hagard, cherchant le lien entre cette boîte blanche scellée et leur frère bien-aimé. Ils n'avaient pas pu le voir, bien entendu. Il ne valait mieux pas.

Le père accueillait les visiteurs avec une froideur efficace, qui faisait s'exclamer « Quel courage ! » Ce n'était qu'une apparence :

il s'était perdu en lui-même et réagissait à des stimuli par des automatismes. Il n'y avait plus personne derrière son regard, qu'un automate tout juste capable d'accomplir ce qu'on attendait de lui, sans comprendre la portée de tout cela.

La mère s'était réfugiée dans les paradis artificiels généreusement prescrits par un médecin en guise de pis-aller. Elle aussi errait, fantomatique. Son attention était sans cesse captée par des détails futiles : l'arrangement des fleurs qui inondaient le salon, le niveau de la réserve de café qui abreuvait les visiteurs… Elle cherchait désespérément à se rappeler comment pleurer, et y parvenait parfois.

Seule efficace dans ce tourbillon de peine, la grand-mère allait, infatigable, de l'un à l'autre. Un conseil pour le père, une parole de consolation pour les enfants, un appel discret à la modération médicamenteuse pour la mère, elle semblait disparaître sitôt sa tâche accomplie pour réapparaître précisément au moment où sa présence était souhaitée.

Et à présent que les pompes funèbres se présentaient à la porte du pavillon familial, elle les tenait à l'œil. Tout devait être parfait. Les croque-morts commencèrent par charger les fleurs. Ils en profitèrent pour faire un inventaire et demander à la mère, qui se tenait à côté, comment elles devraient être disposées à l'église. À chaque erreur, à chaque hésitation, la grand-mère reprenait rapidement et doucement les rênes, l'air de rien.

— Sur le cercueil ? Il y aura déjà celles-ci, tu n'as pas peur que ça fasse trop ?

Ou :

— Ce serait dommage de laisser celles de ses camarades d'école en retrait, non ?

Et mine de rien, tout s'arrangeait vite et bien, à la perfection. Même le maître de cérémonie avait du mal à suivre.

— Ne vous inquiétez pas, lui glissa un instant la petite vieille, je vous aiderai une fois sur place.

Puis on procéda à la levée de corps. Lorsque le maître de cérémonie donna le signal du départ du cercueil, elle veilla à ce que chacun se trouvât à une place d'où il pourrait assister à tout sans gêner le travail des pompes funèbres.

À l'église, une jeune fille pleurait à chaudes larmes. C'était depuis un an la petite amie du jeune défunt, qui faisait l'expérience la plus difficile, celle du deuil, avec son premier grand amour. Elle était noyée, parmi la foule imposante, et semblait condamnée à assister à la cérémonie de loin, lorsqu'une main douce, mais ferme, lui saisit l'avant-bras et la tira vers la famille.

— Ta place est parmi nous, dit simplement la grand-mère.

La cérémonie se déroula tout en émotion. Les témoignages se succédaient : tous disaient la gentillesse de ce garçon travailleur et actif, parlaient de ce bon élève, de ce bon camarade. Nulle parole de haine ne fut prononcée, nulle vengeance souhaitée, tout resta digne. La grand-mère ne quittait pas des yeux sa famille et, au moindre signe de malaise, à la moindre menace d'évanouissement, au moindre soupçon d'hystérie, elle faisait un signe à un membre plus éloigné de la famille, moins touché par le deuil, pour emmener l'intéressé respirer dehors quelques minutes.

Les croque-morts étaient impressionnés. La famille pouvait vivre pleinement son deuil, la petite vieille les protégeait de toute son énergie.

Puis vint le moment d'aller au cimetière.

Là, sous le regard de l'assemblée encore nombreuse, le maître de cérémonie fit son discours. Puis des poèmes furent lus, chacun passa devant le cercueil pour le geste de l'adieu et, enfin, ce fut l'inhumation. Dans un silence seulement rompu par des sanglots, le cercueil fut descendu dans la fosse, et tous passèrent y jeter une fleur.

Durant tout ce temps, la grand-mère n'avait pas lâché ses petits-enfants, distribuant là un mouchoir en papier, ici une parole apaisante, posant parfois une main réconfortante sur un bras ou une épaule.

Et soudain, ce fut fini. Chacun se retrouva là, livré à lui-même ; tous comprirent alors que la vie devait continuer, que d'autres combats les attendaient, et c'est comme si chacun avait compris ce que l'avenir attendait de lui.

Le corbillard était un peu plus loin. J'y rapportais les sangles qui nous avaient servi à descendre le cercueil. Mon regard fut attiré par une silhouette. C'était la grand-mère. Elle avait accompli sa tâche, elle avait protégé sa famille, elle avait distribué tout l'amour et la consolation qu'elle avait à donner, avait pris sur ses forces pour que tout se passât aussi bien que possible.

Et maintenant, seule, digne, cachée, un mouchoir tamponnant ses yeux rouges, elle prenait un peu de temps pour elle, pour pleurer.

Le sens de la formule

Avec un ami, en terrasse, par une belle journée d'été, un croque-mort voit passer une dame au physique imposant. C'est plus fort que lui : machinalement, il lance à son collègue :

— Il lui faudra une taille A.

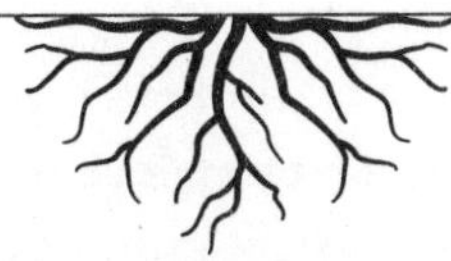

Sous surveillance

Je sais, je râlais beaucoup. Il n'empêche, c'était gentil de sa part, au juge, d'avoir accepté. Il n'était pas obligé.
Bon, ça jetait un froid dans l'assistance, mais les obsèques, c'est rarement gai. Le type au micro, juste en face, il n'avait pas l'air de faire le malin. Moi qui pensais que, aux pompes funèbres, ils en avaient vu d'autres.
Pourtant, il n'avait rien à craindre : un policier de chaque côté – « Gentil Flic » à ma droite, et « Méchant Flic » à ma gauche –, nous trois au premier rang, trois rangées de sièges vides derrière nous et quatre autres policiers, armés jusqu'aux dents, prêts à bondir, qui essayaient de cacher leur uniforme, pare-balles et Manurhin compris, à l'assistance. Ils bloquaient toutes les issues.
Non, je n'avais pas l'intention de tenter quoi que ce soit. Mais on ne peut pas s'empêcher d'y penser, non ? De toute façon, je serais allé où et comment ? Sous le manteau que mes deux ombres m'avaient collé sur les mains, il y avait une paire de menottes. J'avais aussi mon beau costume, le même qu'au procès. J'avais juste demandé à mon avocat de m'acheter une autre cravate. Ce n'est pas que celle du costume ne me plaisait pas, mais j'avais pris vingt ans ferme avec. Je ne suis pas superstitieux, mais on n'est jamais trop prudent.
N'empêche : les gens étaient nerveux. Et nombreux.
C'est tout ma maman, ça : un cœur d'or, tout le monde l'aimait. Et elle aimait tout le monde. Même quand j'ai pris ma première peine, pour coups et blessures, la deuxième, pour voie

de fait, puis toutes les autres, elle m'a toujours aimé. Quand je me suis rangé, elle a dit: «Je savais que tu y arriverais»; quand j'ai surpris ma copine au lit avec un type et que je les ai dessoudés tous les deux, elle est venue dire au tribunal, devant les jurés médusés: «Il a un cœur d'artichaut.» Ça les a émus. Heureusement, sinon qu'est-ce que j'aurais pris!
Et maintenant, elle est dans son cercueil. Là, juste devant moi. Joli cercueil, d'ailleurs.
Le gars des pompes funèbres commence son discours. Il se débrouille pas mal. L'assistance nous a presque oubliés, les deux policiers et moi, avec mes menottes qui serrent. Je me tourne vers Gentil Flic, à ma droite:
— C'est vraiment pas possible de m'enlever les pinces? Je vais pas m'enfuir!
Refus, sec. Il faut dire que c'est la quatrième fois que je lui demande: il doit commencer à se lasser.
Et la cérémonie se passe. Le gars des pompes funèbres – je crois qu'on dit «un maître de cérémonie» – se débrouille vraiment bien. Et ma sœur passe lire un texte, puis ma nièce. Moi, je n'avais pas le droit. Ça ne l'aurait pas fait: moi en train de lire un poème, comme maman aimait, avec des petits oiseaux et des petites fleurs, flanqué d'un robocop de chaque côté.
Maman qui venait me voir tous les dimanches au parloir, maman qui m'apportait des petits gâteaux, maman qui me parlait de ma vie quand je sortirais, maman qui n'a jamais cessé d'aimer l'affreux que j'étais devenu, maman… Il est fort, le type des pompes funèbres. Il arrive à me faire pleurer. Moi qui suis tombé, après une dizaine d'agressions violentes, de bagarres dans des bars, pour un double homicide. Moi le dur…
Je me tourne vers Gentil Flic.
— Est-ce que…
— Non, coupe-t-il agacé, je ne t'enlèverai pas les menottes, je te l'ai dit.

— Non, c'est pas ça, t'aurais pas un mouchoir en papier ?
À ce moment, Méchant Flic, deux mètres de haut, un mètre de large, une tête de pilier de rugby, pas un gramme de graisse, la mâchoire carrée et l'œil dur, qui jusque-là me regardait comme une espèce d'insecte particulièrement inintéressante, un tueur, un vrai, relève la tête, regarde son collègue, les yeux rougis, et demande :
— T'en as pas un pour moi aussi ?
Gentil Flic et moi, on le regarde, on se regarde, et sans une parole, on tombe d'accord en une même moue d'acquiescement : « Il est vraiment fort, le type des pompes funèbres. »

Prévention routière

Un homme roulait sur une départementale presque à la même vitesse qu'il l'eût fait sur une voie rapide, soit une vingtaine de kilomètres à l'heure au-dessus de la limite fixée par le Code de la route. Il se le permettait parce qu'il maîtrisait son véhicule, qu'il faisait beau, et surtout, surtout, parce qu'il était absolument seul sur la route. Je sais, ce n'est pas une raison, mais j'ai la faiblesse d'avoir ce chauffard pour ami, et je ne veux pas lui faire de peine.

Il n'était pas tout à fait seul, néanmoins : tel le chasseur de fauves qui attend que le tigre mangeur d'hommes se présente devant la mire de sa carabine, quelques représentants des forces de l'ordre guettaient le criminel routier solvable derrière un radar. Arriva ce qui devait arriver : le chauffeur – que nous baptiserons Hervé par commodité narrative afin de préserver son anonymat – se trouva interpellé à grand renfort de signes frénétiques par un policier, que nous baptiserons le policier parce que nous ne connaissons pas son nom.

Hervé fut donc invité à présenter ses papiers, puis se vit signifier l'infraction, avant de se voir poser la question fatale, à savoir s'il reconnaissait ladite infraction. Spontanément, il passa aux aveux, oui, c'était lui, il l'avait fait, il battait sa coulpe, se fouetterait tous les jours avec des orties fraîches, oui, il avait roulé un peu trop vite, et il n'avait aucune circonstance atténuante : dressez un bûcher, convoquez le peloton d'exécution, il abjurerait son crime et paierait son amende.

Fort heureusement, le policier – l'anecdote s'est déroulée il y a fort longtemps – rassura l'interpellé : non, il n'y aurait pas de sanction, juste un rappel à l'ordre, puisque les agents de la maréchaussée se trouvaient là pour faire de la prévention.
Le policier invita alors Hervé à le suivre dans la camionnette, stationnée à proximité. Il se détourna un instant, s'empara d'une pochette cartonnée qui se trouvait posée sur une étagère, et en sortit divers clichés, qu'il étala sur une petite table.
Ces clichés représentaient des accidents de la route. Tôle froissée, corps meurtris, visages d'accidentés défaits par l'étendue du drame qui s'était joué sous leurs yeux, flaques de sang encore frais, sacs à cadavres : rien ne manquait dans ce sinistre inventaire.
— Comme je vous l'ai dit, expliqua le policier, nous faisons de la prévention. Ces photos représentent des accidents de la route causés par une vitesse excessive.
Il scruta Hervé, attendant une réaction.
— Qu'est-ce que ça vous fait ?
— Rien, répondit l'interpellé.
— Comment ça, rien ? rétorqua le policier, glissant doucement sa main vers son arme. L'homme en face de lui était peut-être un *serial killer.*
— Eh bien non, rien, déclara Hervé avec un grand sourire : vous savez, je travaille aux pompes funèbres, j'ai vu bien pire en vrai.
Alors, oui, la violence routière est un vrai problème, dans le sens où on s'en fiche tant qu'il s'agit des autres.

Renée

Ainsi, Renée mourut, seule, dans sa maison de retraite. Elle avait souscrit un contrat obsèques, qui stipulait que son corps serait transféré au funérarium où officiait Marie. Et personne ne vint la voir.
Personne ?
Si, une fois. Son neveu.
Il alla trouver Marie. Lui expliqua, après avoir décliné son identité, qu'il voulait récupérer la bague de sa tante. Celle en or, avec les diamants. Marie lui répondit qu'elle la portait depuis des années, qu'il serait sans doute difficile de la lui retirer, et que la vieille dame aurait peut-être souhaité l'emporter avec elle. Réponse :
— Je m'en fiche. Je veux cette bague. Coupez-lui le doigt s'il le faut.
Nous parvînmes à la retirer, à grand renfort de savon et de massages.
Une fois son « bien » récupéré, le neveu s'est tourné vers Marie :
— Vous connaissez un endroit où je pourrais vendre ce truc ?
Elle n'a pas su lui répondre. On ne sait pas s'il a trouvé : il n'est pas venu à l'enterrement.

Albert

Albert était un pensionnaire fidèle. Il arrive que certains locataires restent longtemps dans les frigos des morgues : j'en ai connu un que l'on a gardé dix-neuf mois, par moins cinq degrés.

Albert ne devait pas particulièrement aimer la compagnie des vivants, puisqu'il avait décidé de se passer un morceau de corde autour du cou. Il était à la morgue du funérarium depuis treize mois, et la mairie s'était enfin décidée à l'enterrer comme indigent, lorsque, miraculeusement, au moment où on lui demandait de rédiger le procès-verbal final, le policier en charge du dossier trouva de la famille à qui il expliqua où se trouvait le défunt.

Marie vit donc un beau jour les proches entrer dans le funérarium, l'air aussi enchantés qu'un enfant chez un dentiste. Elle savait d'expérience que les gens réagissent de manière différente – et parfois de manière curieuse – au deuil ; aussi ne fut-elle pas surprise de voir à leur façon de lui parler qu'ils semblaient plutôt furieux. Certains considèrent que la mort n'existe que parce que les croque-morts veulent profiter de la douleur des gens.

Elle ne s'attendait néanmoins pas à la réaction qu'elle obtint.

— Quoi ? Il faut payer pour cet abruti ? Ça fait combien de temps qu'il est ici ? Quoi ? Un an ! Et il croit que je vais lui payer un an à se la couler douce ! Que dalle, je paierai rien ! Je me casse !

La dame qui accompagnait l'homme au langage si fleuri, maquillée comme une péripatéticienne, habillée comme une prostituée, expliqua à l'hôtesse médusée :

— Faut excuser mon frangin, mais on ne pouvait pas blairer notre père. Il avait un balai dans le derrière, le vieux, il faisait les trois-huit à l'usine, et il allait bosser chez un maraîcher le week-end, mais jamais il nous filait un radis parce qu'il économisait pour nous payer des études. Des études ! Alors que nous, on aurait voulu des mobylettes, des trucs de jeunes, quoi, pas des études à la noix. Mon frangin et moi, on est au chômedu, alors vous voyez, les études, ça aurait servi à quoi ? Heureusement, ma mère lui a tout pris quand elle s'est barrée, mais on n'a rien pu récupérer, parce qu'elle a tout bu. C'est ça qui l'a menée dans la tombe. Enfin, paix à ses cendres, comme on dit. Bon, pour papa, on va faire comme pour elle et notre autre frangin, on va aller à la mairie expliquer qu'on n'a pas une thune, et il va aller à la fosse commune. Ça ou autre chose, hein ? De toute façon, il est mort, et ça c'est pas un mal.

Ainsi fut fait, et Albert disparut de la mémoire de ses enfants. Mais pas de celle de Marie, qui ne s'est, à ce jour, pas remise de son choc.

Zone tampon

L'homme avait chu. Sa vie s'était interrompue sur un ultime constat de la validité de la loi de Newton, depuis son domicile jusqu'à sa cour située trois étages plus bas. Le mystère était là : l'homme était-il tombé de son propre gré, ou l'avait-on aidé ? Un examen du corps mené par un médecin légiste expert répondit à la justice des hommes : personne ne l'avait aidé.
L'homme fut donc conduit en nos services, plus précisément en nos réfrigérateurs. Sa famille vint et les arrangements suivants furent conclus : on ferait une toilette funéraire, mais pas de soins de conservation. L'homme était d'origine juive et le judaïsme interdit formellement cette pratique. La famille ne tenait pas particulièrement à ce que la toilette fût rituelle. C'est ainsi qu'entonnant à tue-tête des airs d'opéra, Jacques, le thanatopracteur, lava le corps du défunt, l'habilla et le replaça au frigo, s'en allant joyeusement injecter des litres de formol à d'autres infortunés en d'autres lieux. Il était également convenu que le défunt serait extirpé de sa case pour être installé dans un salon, afin que sa famille vînt se recueillir aux horaires prévus. Le premier rendez-vous était fixé à 14 heures. Quelques minutes avant l'heure fatidique, je finissais mon café en parcourant une déclaration de décès, lorsque le téléphone sonna. Au bout du fil, Marie-Céline, hôtesse de funérarium de choc, qui m'annonce sans ambages, parce que ce n'est pas son genre :
— Monsieur X est en train de se vider de son sang par l'oreille. Il y en a partout.

Catastrophe, cataclysme, me voilà à rappeler Jacques, le thanatopracteur mélomane, pour lui demander en substance ce qu'il fallait faire. Sa réponse tenait en peu de mots.

— M. X était déjà rempli de ouate afin de juguler les fluides. Mais ce procédé a ses limites, que nous avons atteintes, et, comme sa boîte crânienne était un peu déstructurée, façon puzzle, il n'y a malheureusement rien à faire en l'absence de soins de conservation.

En gros, me suggéra-t-il, il faudrait trouver un moyen de dissimuler la misère, et cette mission m'incombait, lui étant retenu en d'autres lieux. Je descendis donc, fabriquai un oreiller de fortune avec des feuilles de ouate, le calai sous la tête du défunt, par-dessus celui déjà imbibé, et m'en allai annoncer à Marie-Céline que la mission était accomplie.

Voulant voir par elle-même, nous nous rendîmes sur place et constatâmes que la nouvelle ouate arborait déjà une couleur pourpre de fort mauvais aloi. Nous étions bien embêtés, pour ne pas dire plus. Marie-Céline fit remarquer qu'il faudrait mettre du coton dans l'oreille, pour contenir l'hémorragie le temps de la visite de la famille, on aviserait ensuite. Las ! Nous n'avions à disposition ni coton, ni pince pour l'insérer dans le conduit auditif. La situation était sans issue. Soudain, Marie-Céline annonça tout de go :

— J'ai une idée ! Vois-tu, nous, les femmes, nous avons sur l'homme un avantage considérable.

— Et c'est quoi ? demandai-je.

— Un tampon avec applicateur !

— Attends ! Tu veux lui mettre un tampon dans l'oreille ?

— Eh bien, oui ! C'est quoi, un tampon ? Du coton absorbant. Avec l'applicateur, on pourra l'insérer dans son oreille, et la famille ne verra que du coton, si on coupe la ficelle. T'as une meilleure idée ? Non ? Eh bien alors, trouve-moi une paire de ciseaux.

Et ainsi fut fait. Devant quatre croque-morts médusés, qui avaient interrompu un instant leur activité pour voir quelque chose de vraiment inédit pour eux, Marie-Céline inséra le tampon dans l'oreille sanglante avec une aisance stupéfiante, là où un thanatopracteur aurait développé des trésors d'habileté avec une pince, coupa la ficelle et nous montra un défunt qui avait un morceau de coton dans l'oreille, ce qui n'avait, en soi, rien de choquant, eu égard à sa fin dramatique. En un mot, il était tout à fait présentable. La famille vint se recueillir, puis se retira, sans commentaires particuliers. Mission accomplie.

Mais l'histoire ne s'arrête pas là. Marie-Céline était en congé le lendemain. Christophe, agent de permanence, assurerait donc la présentation du défunt le matin, et Joël, qui prendrait la relève à midi, celle de l'après-midi. Mais le tampon était bien imbibé et il commençait à ressortir sous la pression cumulée du sang et des gaz de décomposition. En bref, il faudrait le changer.

Alors que nous étions tous au bureau, en train de finaliser les dernières affaires courantes de la journée, arriva Marie-Céline, une boîte de tampons flambant neuve à la main. Avec applicateur. Christophe ne fut pas le moins surpris, je pense, de se retrouver, à presque six heures du soir, en formation accélérée (et théorique) de pose de tampon hygiénique féminin appliqué aux conduits auditifs. Raphaël, un collègue, ne l'était pas moins, tandis que je considérai la notice (illustrée) avec une sorte de fascination horrifiée, sentant ma perception de la condition féminine évoluer encore d'un cran. « Détendez-vous ! », enjoignait la notice à de nombreuses reprises. Sinon quoi ? m'interrogeai-je. Christophe se voyait donc affublé d'une double mission : poser le tampon le matin, et former Joël à sa manipulation à midi. Nous l'imaginâmes en train de chercher comment il expliquerait à son épouse qu'il rentre du travail avec des tampons plein les poches. Marie-Céline, ayant fait la démonstration que les hommes étaient encore loin du jour où ils pourraient se dispenser des femmes, rentra chez elle, préoccupée par une unique question : comment allait-elle pouvoir faire passer cela en note de frais ?

Luxe, calme et éternité

Un vieux monsieur avait souscrit un contrat obsèques. Ce monsieur était seul, sans aucune famille ni amis qui lui aient survécu. Assez fortuné, il avait pris ses dispositions pour que son corps, après son trépas, fût exposé dans son très luxueux cercueil, dans l'appartement dont il avait rêvé étant jeune, et qu'il s'était offert, plus âgé, à force de labeur.

Or donc, vint son trépas. La jeune aide à domicile – qui avait commencé son travail depuis seulement deux jours – trouva le corps déjà presque froid de Monsieur, assis dans son fauteuil de cuir marron, près de l'âtre où les cendres tiédissaient, *Salammbô* ouvert sur ses genoux. Une mort discrète, propre et distinguée, digne d'un gentleman.

L'aide à domicile, pestant contre cet emploi si précocement perdu, appela un médecin qui, après avoir constaté le décès, contacta à son tour la société de pompes funèbres dont le numéro figurait, bien visible, près du combiné téléphonique.

Il semble utile de préciser qu'on était samedi, et que déjà l'assistant – professionnel, mais inexpérimenté – de l'après-midi regardait l'heure et attendait le début de soirée que la relève soit prise. L'appel lui parvint. Il sortit le contrat, passa l'appel au centre de logistique pour faire préparer le cercueil et procéder à la mise en bière, remplit les papiers, regarda sa montre et enfila son manteau. En regagnant le garage où il avait garé son véhicule, il glissa, tomba lourdement et se fit une double fracture de la jambe. Ouverte, évidemment.

Ignorant ces faits, une équipe prépara le cercueil, se rendit au domicile et procéda à la toilette, puis à la mise en bière. Enfin, satisfaits du travail accompli, les croque-morts quittèrent le domicile, passèrent au bureau déposer la clef de la demeure – c'est ce qui avait été convenu avec l'aide à domicile – et s'en retournèrent travailler.

Puis les choses suivirent leur cours. L'assistant funéraire fut opéré et autorisé à regagner son domicile pour une longue convalescence. Les jours succédèrent aux nuits, les journées de labeur aux journées de labeur. Le dépôt envoya le bon de commande du cercueil au bureau, qui le factura à l'organisme qui gérait l'argent du contrat obsèques. Le testament de Monsieur arriva sur le bureau du notaire, où il dormirait des mois avant d'être ouvert.

Quelques semaines plus tard, les occupants de l'immeuble de Monsieur appelèrent leur syndic. Des odeurs nauséabondes avaient envahi les communs, puis les logements des particuliers, et semblaient provenir de l'appartement inoccupé. Le syndic fit le déplacement devant l'insistance de ses administrés, constata, se dit qu'il devait avoir affaire à une variante originale de dégâts des eaux, qui avait fait moisir des choses dans l'appartement, et il appela les pompiers pour défoncer la porte.

À l'intérieur du logis cossu, l'odeur était abominable.

On entrait par un petit vestibule, où s'ouvraient, à gauche, la cuisine, en face, un long couloir qui desservait les différentes pièces et, à droite, le séjour.

C'est là que, sur ses tréteaux, reposait Monsieur, couvert de vers et de parasites, confortablement installé dans son cercueil ouvert, oublié de tous.

À MÉDITER

La vie après la mort n'existe pas. La preuve ? Il n'y a pas de service après-vente dans les cimetières.

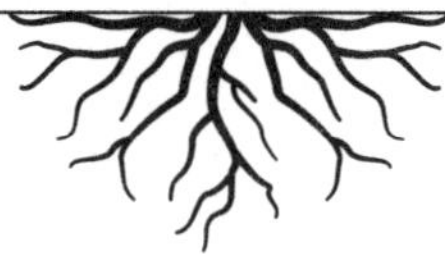

Cache-cache

L'on ne savait pas grand-chose de la femme, hormis qu'elle était mariée, mère, et qu'elle était morte. Une grave maladie, peut-être. Aux obsèques, la mise en bière s'était bien passée, en comité restreint. Le cortège funéraire s'était acheminé à l'église. Là, une petite fille s'était jointe au convoi. Quatre ans environ, vêtue d'une petite robe grise, elle jetait autour d'elle des regards étonnés. De temps à autre, elle tirait la manche de son père pour attirer son attention sur la présence de telle ou telle personne, surprise de voir tous les gens que ses parents connaissaient réunis dans ce grand bâtiment froid. Son père, gêné, ne savait que faire. Ce fut sa tante, la sœur de la défunte, qui vint prendre la main de la fillette, lui expliquant à l'oreille qu'il était impératif qu'elle se tînt tranquille. La petite fille se calma. Son dernier éclat fut au passage du cercueil.

— C'est maman qui est dans la boîte ?

Cela jeta un froid. Ensuite, elle resta sagement assise, se levant quand les autres se levaient, s'appliquant à se faire oublier, comme on le lui avait demandé. Puis le convoi s'achemina à pied au cimetière. L'on passera le dernier recueillement, le geste d'adieu et l'inhumation. Le cercueil était dans la tombe et l'assemblée entourait le trou béant, dans un silence impressionnant. C'est alors que la fillette, qui se tenait sagement à côté de son père, retira prestement sa petite main de celle de son papa et trottina jusqu'à la tombe avant que qui que ce soit n'ait le temps de réagir. Là, debout devant le trou, penchée

au-dessus du cercueil de sa mère, devant l'assemblée médusée, elle cria :
— Bon, allez, sors de là, c'est plus drôle maintenant, maman !

Jo

Il s'appelait Joseph, mais tout le monde l'appelait Jo, peut-être en pensant au film avec Louis de Funès, dont il était une sorte de sosie triste. Jo était croque-mort depuis des années, depuis que, jeune, il avait quitté l'école pour gagner sa vie.
Combien de temps cela faisait-il ? Nul n'aurait su le dire, tant il était difficile de donner un âge à Jo, et tant il était taiseux. Jo parlait peu, rarement plus que nécessaire, et jamais vraiment de lui. Pourtant, ces derniers temps, Jo parlait, un peu plus, disons, que d'habitude. Gêné, il avait discrètement demandé à quelques collègues des renseignements sur les avances sur salaire, sur le déblocage de la petite participation que les employés percevaient et qui restait sur un compte jusqu'à leur retraite ou jusqu'à ce que certains besoins se fassent sentir. Et la rumeur s'était répandue : « Jo est dans une mauvaise passe. » Tout le monde proposa de l'aider : Jo était un petit bonhomme triste, mais un bon collègue, toujours là sur les coups durs, jamais à rechigner, et d'une honnêteté scrupuleuse, un sou prêté serait un sou rendu. Mais Jo refusait toujours.
— Ça va, disait-il. Le divorce est un peu compliqué, mais c'est une mauvaise passe, je vais m'en sortir.
Jo divorçait ? Première nouvelle ! On avait supputé, au détour de certaines conversations, l'existence d'une Madame Jo, voire d'une progéniture, mais sans plus. Mais un divorce ? Voilà qui entamerait gravement le capital plus que restreint de jovialité du bonhomme.

Un jour, après une cérémonie particulièrement difficile, il avait déclaré :
— J'en ai marre de ce boulot à la noix.
Mais quand on lui demanda pourquoi il n'en changeait pas, plutôt que de se miner, il rétorqua :
— Et pour faire quoi ? Je ne sais rien faire d'autre.
Finalement, n'y tenant plus, Jo demanda de l'aide. Au patron, tout d'abord. Il demanda une avance sur salaire. Le directeur lui tendit une enveloppe pleine d'argent liquide.
— L'avance sur salaire, dit-il, ce n'est pas une solution. Après, tu es décalé, tu as besoin d'une autre avance pour finir le mois parce que tu as remboursé la précédente, et tu te retrouves comme ça, sans pouvoir gérer. Cet argent-là vient de la caisse noire, qu'on s'est constituée avec des petits à-côtés, en prévision des coups durs. Non, non, ne proteste pas. Je t'ai dit que c'était pour les coups durs. Tu es en plein dedans. Tu rembourseras quand tu pourras, si tu peux, pas de soucis.
À ses collègues, ensuite. Jo avait besoin de bras pour déménager. Tout le monde fit un pas en avant : pour Jo, pas de problèmes. Tout le monde avait une dette envers lui : un week-end de permanence échangé, une semaine de vacances décalée. Pour arranger ses camarades, Jo disait toujours oui. Peut-être se sentaient-ils coupables, peut-être se demandaient-ils si ce n'était pas un peu de leur faute si Madame Jo, lassée, l'avait laissé tomber. Et tout le monde vint le jour dit à l'heure prévue, même le patron, avec les deux véhicules utilitaires de l'entreprise.
— Ne t'embête pas à louer une camionnette hors de prix, Jo, il y a tout ce qu'il faut, ici.
Jo avait quelques meubles massifs hérités de ses parents, qui furent chargés dans les camions et emportés dans un box que Jo avait loué en attendant de trouver une solution. Quand tout fut fini, la vie reprit son cours. Sauf que Jo avait changé. Il n'était

plus aussi motivé, avait l'air encore plus terne que d'habitude, et même, en quelques occasions, arrivait en retard. Clairement, le métier lui pesait. Et les collègues s'inquiétaient. Ils harcelèrent Jo de questions : comment se passait le divorce ?
— Pas bien. Ma femme a monté mes enfants contre moi. Je n'arrive pas à vendre l'appartement, elle me met des bâtons dans les roues. Je paie le crédit tout seul, mais je ne peux plus y habiter. Mon avocat n'est pas très bon, je crois…
— Mais tu habites où ?
— Je loge dans un truc pas cher, en attendant.
— Oui, mais ça n'a vraiment pas l'air d'aller.
— Non. Ça me pèse, tout ça. Les morts, les gens qui pleurent. J'en ai assez. Mais je ne sais rien faire d'autre.
— Tu fais quoi, le soir, pour te changer les idées ?
— Rien. Je m'assois sur une chaise, je regarde la télé et je bois du vin.
Et tout devint limpide. Jo faisait une dépression carabinée et il avait plongé dans la boisson. La mauvaise pente. Le patron décida de prendre les choses en main.
— Jo, dit-il, ça fait des années qu'on travaille ensemble, et je vois bien que ça ne va plus. Je n'aime pas ça, Jo, te voir sombrer. Non, non, ne dis rien, ça se voit : ça fait combien de temps que t'as pas fait un repas correct ou une nuit complète ? Tu bois, Jo. Tu bois en ressassant des idées noires. Si tu es alcoolique, je connais un médecin. Il t'enverra en cure. Je t'aiderai pour les papiers, et à ton retour, ta place t'attendra. Tu en as marre du boulot ? Ça te pèse ? Tu as droit à des formations. On te paiera ta reconversion, et je t'aiderai à trouver autre chose. Tu as juste besoin de vacances ? Dis-moi combien, c'est accordé. Tiens, je te donne une prime, va prendre l'air, va quelque part au soleil. Mais réagis, bon sang !
Jo répondit simplement :
— Non, ça va. Je vais me reprendre, vous avez raison.

Et il se reprit. Peu à peu, on vit revenir le Jo d'avant. Peut-être un peu différent. Parfois, il racontait des blagues. Pas des choses très compliquées, la plupart étaient connues, voire usées, et il ne les racontait pas très bien. Mais les collègues riaient, autant pour encourager Jo dans sa nouvelle vocation d'humoriste que par surprise de voir leur camarade lancer des choses aussi incongrues que « Tiens, vous la connaissez, celle des deux putes dans un ascenseur ? » D'autres fois, il ne disait rien, et son regard se perdait dans le vide, un court instant. Mais, globalement, Jo était de retour.

Arriva, comme parfois il en est dans les pompes funèbres, une journée vraiment difficile. Le matin, l'équipe fit les obsèques d'une femme de cinquante ans, morte d'un cancer. L'église était bondée et aucun œil n'était sec. L'après-midi vint le convoi d'un jeune de vingt ans qui s'était tué en voiture. Lors de la mise en bière, la mère refusa de le lâcher, et Jo dut intervenir pour l'éloigner. Le lendemain, il ne se montra pas au travail, ni ne répondit au téléphone. Comme il n'avait pas fait de changement d'adresse (il passait prendre son courrier à son ancien appartement), nul ne savait où il habitait. Ils se débrouillèrent sans lui le matin, ils se débrouillèrent sans lui l'après-midi, mais tous se demandaient où diantre il pouvait être. Chacun pensait, sans oser le dire à haute voix, que Jo avait remis son nez dans la bouteille et qu'il cuvait certainement dans un coin. Deux étaient partis en réquisition, mais les autres s'attardèrent un peu, tournant autour du patron qui essayait d'avoir des nouvelles de Jo. La journée était finie, et rien. Le téléphone sonna, mais c'était l'équipe de réquisition. Tous se remirent à bavarder. Trop fort, sans doute, puisque le chef, soudain, intima :

— Oh ! Silence, j'entends rien ! Tu dis quoi ? Jo est avec vous ?

Mais ils n'entendirent pas la suite puisque, du pied, le chef avait fermé la porte de son bureau. Cela dit, c'était tout Jo : se pointer sur une réquisition pour donner un coup de main.

La porte du bureau s'ouvrit, et les questions fusèrent.
— Jo est avec eux ? Mais il a foutu quoi, aujourd'hui ? Qu'est-ce qu'il fiche là-bas ?
Soudain, tous se turent. Le patron était blême. Bêtement, il parvint à dire :
— Jo n'était pas avec eux sur la réquisition. C'était lui, la réquisition.
Silence.
— Jo s'est pendu.
Quiconque serait entré dans le bureau ce soir-là aurait assisté à un spectacle surprenant : une dizaine de croque-morts qui pleuraient pour un défunt. Qui pleuraient pour leur ami. Et peut-être qui pleuraient un peu pour tous les Jo du monde.

Retardataire

Franchement, ça faisait beaucoup. On conçoit un peu de retard, des occupations qui auraient pu le retenir. Mais là, Monsieur le curé exagérait : trois quarts d'heure de retard à une messe d'obsèques, ce n'était plus de la négligence, c'était de l'irrespect. Et ainsi convergeaient sans même le savoir les pensées de la famille, de l'assistance et de l'équipe des pompes funèbres qui attendaient. Heureusement, il faisait beau.

Les fleurs étaient dans l'église, au pied de l'autel, les tréteaux installés, prêts à recevoir le cercueil, et le défunt attendait, tranquillement, que l'homme de Dieu vînt l'accueillir, conformément à la tradition, à la porte de l'église. Mais pas de curé.

La veuve pestait contre ce jeune curé si gentil, à l'air un peu fatigué. Certes, il l'avait bien reçue ; certes, il l'avait attentivement écoutée ; certes, la cérémonie correspondrait en tout point à ce que son mari aurait souhaité ; mais n'empêche : la cérémonie devait commencer à deux heures et demie, et là, à trois heures et quart, toujours pas de curé.

La laïque, le bedeau et les assistants couraient à droite, à gauche, se tordant les mains, se confondant en excuses, et gonflant de manière spectaculaire la facture téléphonique de la paroisse. Rien n'y faisait : il n'y avait toujours pas de curé.

Le maître de cérémonie, à bout de patience, se dirigea vers le corbillard. Il fallait qu'il appelle le bureau pour prévenir qu'il serait en retard, les marbriers qui devaient l'attendre au cimetière et l'évêché pour dire ce qu'il pensait de ces jeunes prêtres. Il sortit son téléphone portable de la boîte à gants. Il avait l'habitude de le ranger là afin de ne pas être perturbé par une sonnerie ou des vibrations en plein convoi, et parce qu'il déformait ses poches.

La première chose qu'il constata, c'est qu'il avait sept appels en absence, tous provenant du même portable, celui de son collègue. Ce dernier avait horreur des messageries de toutes sortes, des boîtes vocales, de tous ces gadgets téléphoniques – et il racontait volontiers que lorsque son épouse l'avait trompé, il lui avait pardonné, mais lorsqu'elle avait acheté un répondeur pour leur téléphone, il avait demandé le divorce. Sa façon à lui de faire comprendre que c'était important, c'était de rappeler, encore et encore, jusqu'à ce que son interlocuteur cède.

Et le téléphone était précisément en train de vibrer, pour son huitième appel.

Le maître de cérémonie répondit.

— Salut ! J'espère que c'est important, parce que là, je suis…

— Dans le caca…

— Comment tu es au courant ?

— Tu as bien une cérémonie à l'église avec le père X ?

— Exact, mais il n'est pas là. Je ne sais pas ce que…

— Je sais, il est avec moi.

— Avec toi ? Mais qu'est-ce qu'il fabrique ? Passe-le-moi !

— Cela m'étonnerait qu'il ait quelque chose à te dire.

— Comment ça ? « Désolé », pour commencer, ce serait bien, « J'arrive », ensuite, ce serait mieux ! Il est où exactement ?

— Dans sa voiture. Je t'arrête tout de suite : sa voiture est dans un arbre. J'attends que les gendarmes aient fini leurs constatations, et je l'embarque.

— …

— Bon, comme j'avais un peu de temps, j'ai prévenu l'évêché, un autre curé est en route.

Le jeune prêtre donnait beaucoup de sa personne. D'une paroisse à l'autre, d'une église à l'autre, d'une confession à une extrême-onction, jamais il ne laissait tomber ses ouailles. Épuisé, il s'était endormi au volant.

La cérémonie commença avec une heure et demie de retard. Le curé de secours, qui avait beaucoup d'expérience, improvisa une cérémonie tout à fait satisfaisante. La famille fut simplement informée que leur prêtre avait eu un « grave souci de santé ». Ils ne surent la vérité que le lendemain.

Le jeune ecclésiastique avait la meilleure excuse du monde, après tout : quel prêtre serait en retard à un rendez-vous avec Dieu ?

Plus dure sera la chute

Tout s'était bien déroulé. La mise en bière, le convoi, l'église, l'inhumation, tout avait été parfait.
Le maître de cérémonie regardait, près du corbillard, les derniers membres de la famille qui achevaient de passer devant la fosse où la défunte avait été inhumée, jetant qui quelques pétales de fleurs pris dans un panier qu'un des porteurs proposait, qui une poignée de terre ramassée sur le tas, à côté de la tombe. Les plus âgés, la sœur de la défunte en premier lieu, s'étaient fait aider pour monter sur le petit monticule de terre entassée devant la tombe.
Les porteurs avaient repéré tous les dangers et s'étaient disposés discrètement entre les tombes, balises humaines d'un chemin sûr.
Le maître de cérémonie s'était placé en retrait, dans la seule allée facilement praticable pour sortir du carré. Une « trajectoire d'interception » idéale. Celle-ci lui permettrait de remettre les papiers à la famille et de prendre congé discrètement, lorsqu'ils auraient fini leur recueillement.
Il savait que ce serait rapide : la famille avait organisé un café pour les accompagnants et tous deviseraient plutôt dans la salle prévue à cet effet que dans les allées d'un cimetière qu'ils commençaient à avoir trop vu. D'autant que la pluie menaçait.
Enfin, il vit venir à lui les enfants de la défunte, tandis que les petits-enfants se chargeaient d'escorter les convives jusqu'à la salle. Ils semblaient avoir quelque chose à lui demander.

C'étaient des questions pratiques, sur la fermeture de la tombe, la repose du monument, la gravure du nom sur la stèle, rien que de très routinier. Le maître de cérémonie leur répondait courtoisement, tandis que les porteurs nettoyaient le corbillard, rangeaient le matériel, échangeaient quelques mots avec les fossoyeurs.

Un choc sourd les interrompit.

— C'était quoi, ce bruit ? s'enquit le fils aîné de la défunte.

— On aurait dit qu'un truc a cogné contre un machin, rétorqua un gendre, avec une précision sémantique émouvante.

Le maître de cérémonie était tout pâle tandis que deux et deux s'additionnaient dans son esprit : c'était le bruit que peut produire un corps s'effondrant sur un cercueil. Il n'avait pas vu partir la petite vieille, la sœur de la défunte, avec le premier groupe, et elle n'était visible nulle part. De surcroît, un gémissement douloureux s'élevait désormais de la fosse, d'où n'aurait dû provenir qu'un silence sépulcral.

Il se précipita près du trou aux bords friables au-dessus duquel la petite vieille trop curieuse s'était penchée.

— Et mince ! Qu'on aille me chercher une échelle, les pompiers, un linceul, euh, non, une couverture !

À MÉDITER

Un ami m'a offert un briquet, qu'il a rapporté d'un voyage aux États-Unis. D'un côté, il est écrit, en anglais « Merci de fumer ». De l'autre, l'adresse des pompes funèbres qui offrent ce petit objet à titre de promotion. J'ai arrêté, et vous devriez y songer aussi.

Philippe

À Philippe

Vous noterez que, parfois, dans les pompes funèbres, on croise des personnages étonnants. Ainsi, un de mes anciens chefs d'agence, Philippe. Entre lui et moi, le courant était passé tout de suite. Il avait été muté de son Ille-et-Vilaine à Brest, et le moins qu'on puisse dire, c'est que son épouse n'avait pas eu le coup de foudre pour notre belle cité. Mais cela n'a rien à voir avec la suite.

Philippe était un homme absolument normal, la trentaine touchant à sa fin, assez grand, avec des lunettes. En le voyant, on aurait pu croire avoir affaire à un cadre d'une société d'assurances. Ce qu'il était avant de travailler dans les pompes funèbres, d'ailleurs.

Le hasard fit que son premier week-end d'astreinte à Brest, il le fit avec moi. La période était calme, les gens ne mouraient pas beaucoup et les quelques défunts se faisaient enterrer par la concurrence.

Le vendredi, donc, rien. Je pris ma permanence à midi, fis un convoi l'après-midi, et rentrai le soir chez moi, où je passai une soirée calme. Le lendemain fut une journée de routine : entretien du funérarium, un transfert, un cercueil à préparer, et lorsque j'eus fini, j'allai au bureau pour dire au revoir.

— À tout à l'heure ! me répondit Philippe.

Je ne relevai pas. C'était habituel, pour le binôme d'astreinte, de s'envoyer une petite blague, comme « Ce n'est pas que je t'aime pas, mais j'espère ne pas te voir du week-end ! »
Je rentrai chez moi, m'occupai en attendant l'heure du dîner, et au moment précis où j'allai attaquer mon assiette, le téléphone d'astreinte sonna. Réquisition de police.
Incontinent, donc, je me rendis à l'adresse indiquée, y retrouvai Philippe, nous prîmes le corps, nous le ramenâmes au funérarium et, enfin, lorsqu'il fut rangé dans le frigo et que j'eus remis le TSC (véhicule de Transport Sans Cercueil) en état, je tendis la main à Philippe, avec la formule consacrée.
— C'est pas que je t'aime pas, mais j'espère ne pas te voir ce week-end.
Philippe me serra la main avec un grand sourire, et me répondit :
— À tout à l'heure.
Je rentrai chez moi en marmonnant que ce collègue était très gentil, mais qu'il allait finir par nous porter la poisse.
Une heure et demie plus tard, je pestai de plus belle lorsque le téléphone sonna, au milieu d'un épisode des *Experts*. J'aime bien cette série. D'une manière générale, j'aime bien la différence incroyable qu'il peut y avoir entre les fantasmes des scénaristes et la réalité du terrain. L'appel, donc, c'était Philippe : encore une réquisition, que nous effectuâmes sans souci.
Au moment de prendre congé, il me conseilla :
— Tu ferais bien d'aller te coucher tout de suite, la nuit sera courte.
Lorsque je lui demandai pourquoi il disait cela, il se contenta de sourire de plus belle.
Il me réveilla pour un transfert d'un domicile à quatre heures du matin.
La routine : corps chargé et emmené au funérarium. Comme les premiers rayons du soleil se pointaient déjà à l'horizon lorsque

nous eûmes fini, nous décidâmes de prendre un café. La nuit était terminée.
Devant la porte de service, café dans une main, cigarette dans l'autre, je me lançai :
— Au fait, tu es médium ?
Il éclata de rire.
— Pourquoi ?
Je lui expliquai qu'il m'avait semblé lui remarquer une certaine facilité à deviner notre programme.
— Il y a deux explications, soit tu es médium, soit tu les tues toi-même. Je te vois mal en *serial killer,* donc… Ou alors tu es le chat noir : c'est toi qui nous portes la poisse, auquel cas, malgré le respect que je te dois, merci de te taire avant la grasse matinée du dimanche !
Il m'expliqua.
Il n'était absolument pas médium, bien entendu, il y croyait autant que moi, c'est dire. Simplement, il avait une sorte d'intuition. Il savait quand nous serions appelés ou non. Par exemple, continua-t-il, lorsqu'il avait l'intention de regarder *Les Experts,* il ne regardait pas le troisième épisode, parce qu'il savait qu'il ne verrait pas la fin. Il ne se trompait jamais, conclut-il.

Philippe passa huit mois à Brest, avant que sa femme ne le menaçât de divorcer s'il ne trouvait pas un moyen de retourner à Saint-Malo. Il démissionna et retourna travailler dans les assurances.
Durant ces huit mois, il arrangea les plannings pour qu'on soit le plus souvent possible de permanence ensemble. Travailler avec lui était un réel plaisir. Durant tout ce temps, je cherchai à le prendre en défaut sur son don original.
Pas une seule fois je ne l'ai vu se tromper, même sur les cas les plus imprévisibles. Lorsqu'il est parti, j'ai eu l'impression de travailler en aveugle.

Cinq millimètres

J'ai lu, il y a quelque temps, un petit article narrant le cas d'une femme de 140 kilos qui n'a pas pu être crématisée. Sans remettre en doute l'exactitude de l'information, j'avoue être resté dubitatif devant mon écran, à la lecture de cet article. Il paraît que certains fours de conception ancienne sont petits afin de minimiser les déperditions de chaleur. Je n'en ai jamais vu.

Par contre, j'en connais un grand, qui nous a donné bien des inquiétudes. C'était un monsieur énorme. Disons qu'il était grand, large, et que son cercueil était le plus gros que j'aie jamais vu. Le convoi se passa bien, à la force des bras et du chariot renforcé que nous avions apporté (il était hors de question d'envisager un portage à l'épaule). Une fois tout fini, nous nous présentâmes au crématorium.

Là-bas, les crématistes n'en crurent pas leurs yeux. Ils appelèrent le responsable technique qui prit des mesures comme un fou, tournant autour du cercueil un nombre incalculable de fois, avant de rendre son verdict.

— Bon, j'ai une mauvaise nouvelle et une bonne nouvelle et une autre mauvaise nouvelle.

— Vas-y dans l'ordre où tu le sens…

— D'accord. Alors, première mauvaise nouvelle : il faut enlever les poignées du cercueil. Comme il est scellé et qu'elles sont fixées de l'intérieur, ce sera à la masse. J'ai envoyé un gars en chercher une. Le maître de cérémonie devra expliquer ça à la

famille. La bonne nouvelle, c'est qu'une fois qu'on a fait sauter les poignées, il rentre.
— Bon, et l'autre mauvaise nouvelle ?
— On a très exactement cinq millimètres de marge.
— De chaque côté ?
— Eh non, en tout. Sinon, ce ne serait pas drôle.
Ainsi accompagné d'un crématiste et du responsable technique, le maître de cérémonie expliqua la situation aux membres de la famille (heureusement, ils n'étaient pas dans le déni de l'obésité de leur cher disparu, et ils comprirent très bien). Puis le maître de cérémonie et le crématiste les accompagnèrent jusqu'à la salle de vision. La famille assisterait au départ derrière une vitre donnant sur la salle technique et ne verrait ainsi le cercueil que de profil.
Ce que la famille ne voyait pas, c'est qu'un collègue, le responsable technique et moi étions cachés dans l'angle mort, avec de gros gants ignifugés et des barres métalliques. Pour passer, le cercueil devait partir parfaitement droit. Un décalage infime, et il se retrouverait coincé à moitié dans le four, à moitié à l'extérieur. Si cela se produisait, l'un de nous devrait tirer le rideau pour cacher la suite à la famille (qui était prévenue) et rejoindrait les deux autres qui avaient pour mission de pousser sur le cercueil pour le faire entrer. Le crématiste et le maître de cérémonie devraient, eux, s'emparer des extincteurs pour nous couvrir si cela tournait mal. Détail amusant, nous expliqua le responsable technique : nous avions trente secondes pour agir. Au-delà, les neuf cents degrés du four auraient fait grimper la température du bois à un point tel qu'il aurait été impossible de l'empêcher de s'enflammer et auraient rendu irrespirable l'air de la pièce, provoquant des dommages pour les poumons. C'était du moins les recommandations de sécurité données par le constructeur, mais nous n'avions pas envie de vérifier jusqu'à quel point elles étaient exactes. Donc, les consignes étaient

claires : dès qu'on aurait compté trente, on lâchait tout et on évacuait le crématorium.
Nous attendîmes donc dans notre coin. La porte s'ouvrit, le crématiste entra, suivi du maître de cérémonie. Au pied du cercueil, ils marquèrent un instant de recueillement, puis le crématiste se dirigea vers le panneau de contrôle, appuya sur le bouton de départ, et revint à sa place. La porte du four se releva, ouvrant droit sur l'enfer : une bouffée d'air chaud envahit la pièce, et de là où nous étions, nous pouvions voir les briques réfractaires chauffées au rouge. En matière de pompes funèbres, j'ai vu à peu près ce qu'il y a de pire, mais la seule chose à laquelle je n'ai jamais pu m'habituer, et ne m'habituerai sans doute jamais, c'est l'instant du départ dans le four crématoire. Le piston poussa le cercueil dans le four, cercueil que nous avions disposé avec un soin tout particulier. Il entra parfaitement droit. La porte n'avait pas commencé à s'abaisser que déjà il était en flammes.
Puis le four se referma et, durant un instant, le temps sembla s'être arrêté. Le soulagement se lisait sur les visages.
Tandis que le maître de cérémonie et le crématiste allaient rejoindre la famille pour convenir d'un rendez-vous de remise d'urne, je me mis en quête de la fontaine à eau. Je ne sais pas pourquoi, j'avais la gorge sèche.

Solitude

On est appelés pour une réquisition. Une dame âgée, qui habite un petit immeuble HLM, est retrouvée morte chez elle vers 21 h 30 ce soir-là par un équipage de police. Le décès remontait à une petite paire d'heures. Deux voisines avaient remarqué que, à la nuit tombée, il n'y avait pas de lumière dans l'appartement de la dame, mais que ses volets étaient restés ouverts. Or, elles savaient que, si elle avait de la visite, les volets restaient ouverts et la lumière allumée ; mais si elle restait regarder seule la télévision, elle fermait ses volets aussitôt que Claire Chazal avait prononcé ses derniers mots. Une des voisines et la dame allaient faire leurs courses ensemble, et comme la dame ne lui avait pas dit que son fils viendrait la chercher pour quelque dîner chez lui, comme c'était régulièrement le cas, elle avait déduit que cette dame était chez elle. Elles sonnèrent donc chez la dame, et n'obtinrent pas de réponse.

C'est ainsi que, moins de deux heures après son décès, un équipage de police et des pompiers tapaient à sa porte, avant de faire venir un serrurier, tandis que le fils, avisé par téléphone, était en route.

Vous avez une personne âgée près de chez vous ?

Vous connaissez ses habitudes ?

Vous avez un numéro que vous pourriez joindre s'il y avait un problème, si vous aviez un doute ?

Si vous avez répondu oui à ces trois questions, vous êtes quelqu'un d'exceptionnel. Si, si. Parce que cette histoire est

presque la seule du genre que j'aie à raconter. Alors que des cadavres putréfiés, j'en ai ramassé un grand nombre. Combien ? Cent ? Cinq cents ? À un moment, j'ai arrêté de compter.
Et, croyez-moi, je suis un petit joueur face aux collègues qui ont vécu la fameuse canicule. Eux, c'étaient dix, quinze, parfois même vingt. Par jour.

Sarcophage

C'était une réquisition. Une simple réquisition. Une femme seule, morte à son domicile.

Elle avait le profil de la défunte seule : fâchée avec sa sœur, sous tutelle. Notez bien : sous tutelle. Le juge avait confié la gestion de ses intérêts, à savoir sa pension, à un tuteur professionnel. Vous savez, comme dans les téléfilms avec Roland Magdane. Mais là, c'était en vrai.

Donc, son tuteur professionnel faisait convenablement son travail : il percevait la pension, réglait les factures et le loyer et plaçait le petit pécule qui restait, sans oublier de facturer ses honoraires. Bien, professionnel, tout ça.

Les voisins étaient gentils et ne tarissaient pas d'éloges sur leur voisine : une personne discrète. Ah, ça, plus discrète, tu meurs. Et donc, elle était morte discrètement. Quelqu'un, un jour, s'était avisé que la dame n'avait plus donné de signe de vie depuis « plusieurs jours » et avait appelé la police. Qui avait appelé les pompiers, qui étaient allés voir par la fenêtre, avaient cassé un carreau pour entrer, étaient venus ouvrir la porte à l'équipage de police, et l'on peut imaginer le dialogue, à ce moment précis.

Le policier : — Alors ? Morte, je suppose ?

Le pompier : — Euh… Il faudrait que vous veniez voir ça par vous-même, en fait.

Ils avaient donc vu. Puis, remis, ils avaient appelé l'OPJ. Il fallait qu'il vienne voir ça, avec le médecin légiste, ce serait sans doute utile.

Puis tout ce petit monde avait appelé les pompes funèbres qui avaient débarqué un peu après.
Le croque-mort : — Alors ? Qu'est-ce qu'on a ?
Le policier : — Euh… Venez voir par vous-même.
Et ainsi fut fait. On peut imaginer la tête des croque-morts, confrontés, peut-être pour la première fois depuis longtemps, à de l'inédit, du vrai !
Oui, la femme était morte. Assise dans son canapé, le journal à côté d'elle. Pas d'odeur, tout était bien sec et propre. Plus de vermine. Ou plutôt : pas de vermine.
Le croque-mort n'en revenait pas.
— Mais, elle est là depuis quand ?
Le policier, calmement, expliqua :
— Le légiste va essayer de dater avec un peu de précision. C'est dur à dire, mais si on se fie au journal, elle est là depuis trois ans, un mois et quatorze jours.
Elle était restée assise là trois ans. Dans son canapé. Et il s'était passé un phénomène rare, dû à une conjonction rare d'éléments favorables : non, elle ne s'était pas putréfiée, n'avait pas été dévorée par les vers, simplement, elle s'était momifiée. On aurait dit la momie de *Tintin et les Sept Boules de cristal.*
On n'a jamais su ce qu'il était advenu du tuteur professionnel qui, pendant trois ans, avait réglé les factures de gaz et d'électricité, sans s'inquiéter que sa « cliente » ne s'achète jamais rien à manger, mais il n'y a pas eu de procès. J'ai entendu dire qu'il avait eu un blâme. Une aimable tapette sur la main. Et qu'il exerçait toujours. Possible.
La sœur avec qui la défunte était brouillée depuis longtemps paya de belles obsèques, envoya une gerbe de fleurs magnifique, fit ce qu'il fallait. Son regard avait peut-être changé après toutes ces années sans nouvelles. Elle ne vint pas aux obsèques.
Les croque-morts n'ont certainement pas oublié cette histoire.

Questions pour un coupable ?

Certaines familles posent des questions parfois curieuses, qui amènent à s'interroger sur les limites du secret professionnel.

Moi : — Pompes funèbres, bonjour !

Lui : — Oui, euh… Bonjour ! Voilà, euh… C'est pour mon oncle Monsieur Dupont qui s'est pendu, et vous l'avez amené à l'autopsie…

Moi : — Nous l'avons en effet emmené à l'institut médico-légal où sera pratiquée une autopsie, oui.

(Conversation entre deux personnes à l'autre bout du fil, inintelligible)

Lui : — Ma mère voudrait savoir pourquoi.

Moi : — Je ne sais pas. Vérification de routine, s'ils trouvent que le contexte est bizarre, ou bien s'ils ont vu des éléments troublants. Ils vont l'autopsier, mais ce sera rapide, on pourra organiser les obsèques assez vite.

(Conversation paniquée à l'autre bout du fil)

Lui : — Oui, mais… Euh… S'il ne s'est pas vraiment pendu, euh… ça se verra, à l'autopsie ?

Moi, *étonné* : — Oui, disons que c'est quand même fait pour ça… Pourquoi ? S'il y a un problème, je peux vous donner le numéro du policier qui est en charge de l'affaire…

Lui, *après une ultime conversation paniquée avec la seconde personne* : – Non, ça ira, merci Monsieur, au revoir.

Et il raccroche.

Quelques jours plus tard, j'apprenais que plusieurs membres de la famille avaient été interpellés pour homicide. Une sordide affaire de gros sous.

Le saviez-vous ?

Obsèques

Obsèques est formé du latin *obsequiae*, venant lui-même du latin *exsequiae*. *Obsequiae* signifie « cortège » et *exsequiae* désigne la « pompe funèbre ». Il est à noter que le mot *obséquieux* a la même racine. Cela vient du fait que, par foi ou par superstition, en fonction des âges, on se refusait à dire du mal d'un mort, optant au contraire pour un éloge exagéré, voire irréaliste. Être obséquieux avec quelqu'un c'est donc littéralement dire du bien de cette personne comme si elle était morte.

Hercule Poirot

La même petite musique: réquisition. Un petit appartement propret, habité par une vieille dame seule, qui manifestement aimait beaucoup la lecture: des livres partout, sur les étagères, dans des cageots en plastique disséminés dans les quatre petites pièces.
Le tout donnait l'impression d'un laisser-aller cossu, d'une classe moyenne aisée fatiguée de la vie.
On appela deux croque-morts, le jeune directeur d'une nouvelle société et son nouvel employé, qui était resté quelque temps inactif dans le domaine. Ce dernier avait eu envie de faire bonne impression, mais tout semblait s'être ligué contre lui: tiré du lit, tous ses costumes au pressing, il errait de chantier en chantier dans sa ville en travaux qu'il avait quittée depuis presque trois ans et qu'il ne reconnaissait plus. Il finit par arriver, dépenaillé et énervé.
La dame gisait dans la chambre, entre la fenêtre et le lit, morte depuis trois semaines au moins. La police n'avait rien constaté de suspect, avait pris quelques photos des lieux et avait laissé le champ libre à la nouvelle équipe.
Celle-ci avait alors traîné le corps jusqu'au milieu de la pièce et employait une technique qui consistait à le tenir sur le côté pour glisser la housse par en dessous, puis à refaire la manœuvre de l'autre côté. De cette façon, le corps, qui avait déjà gagné en accessibilité, et en visibilité, serait vu sous toutes ses coutures.

Le jeune directeur des pompes funèbres cessa net la manœuvre et se redressa.
— Il y a un problème ? l'interrogea son collègue.
— Tu ne vois rien ?
L'autre scruta.
— Non, quoi ?
— Tu ne trouves pas curieux, la façon dont cette couverture est enroulée autour de son cou ?
Effectivement, un plaid, dont on aurait pu croire qu'il recouvrait le corps, s'enroulait autour de son cou, serré, chose qui n'était pas visible jusqu'à présent. L'employé regarda autour de lui : ce qu'il cherchait, maintenant, c'était un endroit où la femme aurait pu l'accrocher pour se pendre. Nulle prise ne se présentait à eux.
Ils finirent par appeler les policiers, qui devisaient insouciants dans l'entrée de l'appartement. Dès qu'ils furent sur les lieux, le directeur leur fit part de ses doutes. Un seul coup d'œil suffit au policier le plus âgé.
— Ouh là, oui ! Bon, changement de programme, direction l'IML, j'avertis l'OPJ.
Et ainsi fut fait.
L'enquête révéla qu'il s'agissait d'un homicide. Le coupable fut identifié, mais jamais inquiété, faute de preuves.

Joyeux Noël

Il n'y a rien de plus désagréable pour un agent funéraire de permanence le jour de Noël que d'être appelé à un domicile pour un décès.

Que vous soyez secouriste, sapeur-pompier, ambulancier, gendarme, policier ou agent funéraire, ce jour-là est si particulier dans les habitudes collectives et les traditions de notre société qu'il paraît démesuré et illogique de mourir un 25 décembre, jour de fête et de réjouissances. Du moins dans l'imaginaire collectif.

Laissez-moi vous dresser le tableau.

Vous êtes de permanence, chez vous ou dans votre famille. Vous êtes peut-être allé à la messe de minuit la veille avec vos parents et votre grand-mère pour lui faire plaisir et vous êtes à table, le téléphone d'astreinte (pour ceux qui en ont) posé bien sagement sur la commode derrière vous, en priant pour qu'il ne sonne pas. Votre famille sait que vous pouvez partir à tout moment, mais personne n'ose y penser : ce serait incroyable et peu probable que vous partiez en cette belle fête de famille et encore moins en plein repas…

Bref, les agapes sont consommées et, au moment du café, il est environ 15 heures, la sonnerie fatidique retentit sur la commode. Vous vous approchez nerveusement de votre téléphone, vous le prenez, sur l'écran s'affiche un numéro inconnu. Et mince !

— Les pompes funèbres, j'écoute ?

— Oui, bonjour, je vous appelle parce que…

Après une brève conversation téléphonique au cours de laquelle vous aurez pris soin de noter l'adresse du domicile, le nom du défunt et un numéro de téléphone en cas de contre-appel si besoin est, vous serez allé chercher votre véhicule de transport de corps à l'entreprise, tout en ayant pris soin de vous excuser auprès de votre famille pour votre départ imprévu, sans trop donner de détails pour ne pas choquer, à la vue des regards interrogateurs figés sur vous lorsque vous enfilez votre manteau.
Une trentaine de minutes plus tard, vous êtes devant le domicile avec votre collègue brancardier qui vous a rejoint au dépôt.
Le SAMU est déjà parti et les pompiers finissent de ranger leur matériel dans leur ambulance. Leur chef vient vous voir, vous êtes un peu stressé à l'idée de ce qu'il va vous dire. Puis vous entrez avec lui dans le domicile. Vous percevez déjà des pleurs dans la cuisine.
Les guirlandes du sapin clignotent, du papier cadeau chiffonné est encore au pied du sapin, la table du salon n'est pas encore débarrassée, des personnes silencieuses, des larmes aux yeux pour certaines, vous fixent d'une manière très désagréable. Et par terre dans le salon, sous un drap jetable blanc, disposé avec soin par les pompiers, un corps.
Le chef d'agrès de l'ambulance vous aura informé que c'est le grand-père qui a fait une fausse route à table et s'est étouffé avec un morceau de viande ; arrêt respiratoire, puis cardiaque, puis décès, déclaré par le médecin du SMUR sur le certificat bleu dans votre poche, qui vous a été remis par le chef des pompiers.
Après avoir embarqué le défunt à bord de votre véhicule dans une ambiance plus qu'électrique, tendue et improbable, fait signer quelques documents à l'épouse du défunt qui était très choquée, résisté aux cris de douleurs et aux pleurs de la famille qui était sur place, vous regagnez la chambre funéraire, la mort dans l'âme, votre collègue brancardier assis à côté de vous, qui ne pipe mot lui non plus.

Vous avez proposé à la famille de les recevoir au bureau de l'agence funéraire le lendemain matin pour éviter d'aggraver leur douleur en ce jour et les laisser en famille s'épauler les uns les autres, et ils ont accepté. Après avoir placé soigneusement le corps du défunt en case réfrigérée, faxé un ou deux papiers à la mairie du lieu de décès et bu deux ou trois cafés avec votre collègue, vous ne savez pas si vous avez le courage de rejoindre votre famille qui vous attend, pour éviter d'affronter leurs interrogations et leur gâcher la fin de journée par votre mauvaise humeur, mais vous le faites tout de même, comme si de rien n'était, parce que, bon sang de bois, c'est Noël, après tout!
Une pensée à toutes les corporations qui seront d'astreinte ou de permanence le 25 décembre prochain. Sinon, joyeux Noël à tous!

L'histoire de Fanch et Ti Jean

Dans un petit village breton vivaient Fanch et Ti Jean, deux amis d'enfance, dont les veuvages respectifs avaient conforté l'amitié qui leur offrait des habitudes rassurantes. L'un n'allait pas sans l'autre et, sitôt levés, un brin de toilette faite et leur petit-déjeuner avalé, ils se rejoignaient et partaient en vadrouille dans leur coin des Côtes-d'Armor.

Car Fanch et Ti Jean, malgré leurs âges vénérables, ne supportaient ni l'un ni l'autre l'inaction, et on les trouvait toujours ensemble quelque part, à réaliser de menus travaux où leur savoir-faire faisait merveille. Ils étaient heureux de se rendre utiles, et toujours prompts à rendre service.

Souvent, dès potron-minet, on pouvait voir émerger leur canot de la brume lorsqu'ils s'en revenaient de la pêche au large. Comme il y en avait trop pour eux-mêmes, ils allaient distribuer leurs prises aux petits vieux du coin.

Fanch et Ti Jean étaient heureux, et il n'y avait qu'entre eux qu'ils parlaient de leurs épouses bien-aimées et, à mots couverts, du moment où ils les rejoindraient.

Puis arriva ce funeste matin où Fanch ne vit pas venir son ami. Il chemina jusqu'à son domicile, toqua à la porte, puis, ne voyant personne venir, téléphona immédiatement aux pompiers et au fils de Ti Jean pour prévenir qu'un malheur était survenu. Les soldats du feu, après avoir tambouriné et appelé, décidèrent de forcer la porte. Ils trouvèrent Ti Jean devant son journal, son café à moitié bu près de lui, quelques miettes de pain étalées sur

la table, le menton posé sur la poitrine comme pour une petite sieste incongrue. Son cœur avait cessé de battre.
Fanch supporta le coup en véritable Breton : il avait vécu avec la culture de la mort depuis qu'il était petit. Sans avoir lu Le Braz, il savait que l'Ankou était venu chercher son ami dès l'aube, sur son chariot ; il lui avait même semblé entendre grincer la roue. Mais de cela, il ne parla pas, parce qu'on tait ces choses-là. Il aida la famille à tout organiser, à choisir le cercueil et donna un coup de main au curé pour préparer l'église.
Il se maintint ainsi occupé jusqu'au jour des funérailles.
Fanch était au premier rang, sur le banc réservé aux membres de la famille. C'étaient les fils de Ti Jean qui avaient insisté.
La messe se déroula sans encombre. Tout le village était là, ainsi que de nombreuses délégations des alentours, tant la personne de Ti Jean, toujours cheminant de concert avec son vieil ami Fanch, surgissant inopinément, la caisse à outils à la main et une plaisanterie aux lèvres, précisément où l'on avait besoin d'eux, leur avait attiré des sympathies et des liens dans toute la contrée.
Puis vint le moment du dernier geste. Chaque membre de l'assemblée se leva pour aller bénir le cercueil et dire au revoir à Ti Jean. Lorsque son tour vint, Fanch se leva, sembla hésiter un peu, pâlit et tomba.
Plusieurs personnes se précipitèrent pour lui porter assistance. Le maître de cérémonie des pompes funèbres fit écarter les gens, porter Fanch sur un banc, et appela le SAMU. Fanch, semblant se reprendre, demanda qu'on le laissât là et que les obsèques de son ami se poursuivissent sans lui. Il rejoindrait l'assemblée plus tard au cimetière.
Et le convoi s'achemina. Le maître de cérémonie fit un discours poignant puis, après que chacun eut salué Ti Jean, et ce fut long, tant étaient nombreux ceux qui désiraient lui dire au revoir, il fut descendu dans le caveau, près de son épouse.

Le maître de cérémonie prit congé et, avec la famille, ils convinrent que c'était peut-être préférable que Fanch n'eût pas été là, la descente du cercueil eût été un moment trop pénible à supporter pour lui… La famille passerait le chercher à l'église, devant laquelle ils avaient laissé leur voiture et sans doute le médecin, qui devait être arrivé sur ces entrefaites, leur conseillerait de l'emmener chez lui, au repos.
Les croque-morts remontèrent dans leur corbillard et, passant devant l'église, virent la voiture du SAMU et les pompiers. Ils décidèrent de s'arrêter pour prendre des nouvelles de Fanch, qu'ils avaient laissé au calme, dans la petite chapelle derrière l'autel.
Fanch y était toujours. Les pompiers rangeaient leur matériel. Le médecin finissait de remplir le certificat de décès.

C'est chaud

L'opérateur du crématorium expliquait la procédure à la famille. Il y avait deux cercueils, un sur chacune des rampes de départ, en face de chacun des deux fours, ce qui le contrariait. Certes, la journée était chargée, certes, l'autre famille arrivait vingt minutes plus tard, mais tout de même, ce n'était pas très correct.

Il se dirigea donc vers la salle de départ, se mit face à la rampe, s'efforçant de ne pas observer la famille qui le regardait à travers la vitre : il ne devait pas sembler quêter leur approbation ni se laisser émouvoir dans ce moment difficile. Son métier était simple : donner l'impression qu'il savait ce qu'il faisait.

Il se dirigea lentement vers le tableau de contrôle, appuya sur le bouton de départ différé, revint à sa place face à la rampe et l'enfer s'ouvrit devant lui : la porte du four se souleva, un bras articulé poussa le cercueil, puis la porte se referma. Il s'inclina et sortit de la pièce pour rejoindre la famille.

— Voilà, Mesdames, Messieurs…

— Voilà quoi ? répondit curieusement la famille.

— Euh, eh bien, voilà, le cercueil de Madame X est parti en crémation et…

— Non, non, il est toujours là. On ne comprenait pas pourquoi vous ne l'aviez pas envoyé. Dites, vous n'avez pas fait d'erreur, au moins ?

François

Dans cette société familiale de pompes funèbres, située dans la campagne bretonne, la vie s'écoulait paisiblement en une routine efficace. À un détail près : les croque-morts qui travaillaient là avaient l'avantage de savoir à quoi s'attendre en matière de charge de travail. Ils avaient un informateur.

Parfois, ils arrivaient le matin et la femme du patron leur disait alors :

— Va y avoir du boulot, François est énervé depuis 5 heures ce matin.

Effectivement, la journée était particulièrement chargée.

François, dont on ne se rappelait plus pourquoi il avait hérité de ce prénom, était un grand corbeau. La plupart du temps, il vaquait à ses occupations, mais, de temps en temps, sans raison apparente, il décrivait un grand cercle dans le ciel, se posait sur le toit de la boutique et croassait sinistrement dans le ciel plombé et gris, humide du crachin breton, mais aussi lorsqu'il faisait beau.

Les croque-morts savaient ce que cela signifiait : dans la demi-heure, une famille en deuil arriverait à l'agence pour commander des obsèques.

Sans appel préalable, sans que personne ait pu le prédire, ou même qu'ait eu lieu le décès.

Ce pouvait être une coïncidence, mais il y avait des éléments surprenants. François ne croassait sur le toit de la boutique que lorsqu'il y avait un mort. Le reste du temps, il se promenait, sans que personne sache où. Et ce manège durait depuis des années, sans faiblir ni faillir.

Un matin, François n'est tout simplement plus venu. La boutique a continué de tourner, plutôt bien même, mais les croque-morts voyaient arriver des familles sans qu'aucun croassement sinistre eût résonné pour les prévenir.

Peut-être François est-il parti prendre sa retraite sous un climat plus clément ; peut-être est-il lui aussi mort, sans qu'aucun cri lugubre ait chanté sa complainte ; ou peut-être, puisque nous sommes en Bretagne, l'Ankou sur sa charrette, las de la solitude, a-t-il eu le désir d'adopter un animal de compagnie qui eût pu lui servir en même temps d'assistant personnel.

Nul ne songea à remettre en doute cette histoire, ni à étudier le phénomène, ou à convoquer la presse. Au pays de l'Ankou, des Dames blanches et des Lavandières de la Mort, un corbeau au présage funeste, c'est pour ainsi dire la routine.

Politiquement incorrect

Il est de bon ton de dire que la Troisième Guerre mondiale selon un axe franco-allemand n'aura pas lieu. En réalité, nous y avons échappé de peu.

C'était à la cathédrale de Quimper, pendant des obsèques.

Tout avait pourtant commencé de façon classique. Le maître de cérémonie avait reçu la famille, qui souhaitait des obsèques en la cathédrale de la préfecture du Finistère. Il avait tout organisé. Mais face à un cruel manque de personnel, il avait demandé à trois collègues brestois de venir en renfort. Nous nous étions donc mis en route le jour des obsèques, en faisant une pause pour le déjeuner dans un petit restaurant sympathique. Le soleil brillait et cette journée de printemps s'annonçait magnifique. Nous nous rendîmes, après les agapes, au point de rendez-vous, une maison funéraire en centre-ville, dans une petite rue discrète. Nous y retrouvâmes nos collègues, puis, après de cordiales salutations et présentations, nous procédâmes à la mise en bière et nous acheminâmes vers le somptueux édifice.

La cathédrale de Quimper est magnifique. Elle se trouve en centre-ville, donnant sur une place pavée, très fréquentée. Si un jour vous avez l'occasion de faire du tourisme dans le secteur, elle vaut le coup.

Le maître de cérémonie autochtone, un homme sympathique, nous demanda de rester à l'intérieur. En guise d'explication, il nous dit :

— Vous allez voir à quel genre de soucis nous sommes confrontés.

Nous vîmes le problème. Nous n'en crûmes pas nos yeux.
Le problème devait peser dans les cent kilos. Ses cheveux blond délavé clairsemés encadraient un visage couperosé, ses poils de poitrine sortaient d'une chemise bariolée ouverte et tendue sur un estomac impressionnant, et ses jambes, deux bâtons blancs maigres et flasques, s'exhibaient à l'aise dans un bermuda fluo. L'épouse de l'homme était à l'avenant, son short exhibant sa cellulite tremblotante. De plus, leurs deux rejetons, une fille et un garçon, d'une dizaine d'années, s'adonnaient aux jeux de leur âge, à savoir un cache-cache bruyant derrière les piliers de la cathédrale.

Le touriste malpoli s'avançait, nonchalant, dans l'allée centrale, et, entre deux photos, interpellait bruyamment son épouse pour lui désigner telle ou telle sculpture. Le fait que, à quelques dizaines de mètres devant lui, se trouvaient des bancs occupés par la famille en deuil de la personne désormais gisante dans le cercueil bien visible, au pied de l'autel, ne semblait pas le déranger outre mesure.

J'allai m'avancer dans la nef pour proposer à l'importun le choix entre dégager de son plein gré ou sous l'effet de l'impact de mes chaussures de sécurité sur son volumineux séant, lorsque le maître de cérémonie m'intercepta. Il me désigna la situation : la cathédrale grouillait de ces touristes comme les croûtes sur les pensionnaires d'une léproserie. D'un geste, il nous fit signe de nous approcher et expliqua aux porteurs leur mission : bloquer les entrées afin d'empêcher les renforts d'arriver, tandis que nous, maîtres de cérémonie, censément plus diplomates (j'ai dit : censément), expulserions les présents avec fermeté, mais courtoisie.

— Rappelle-toi, dit mon collègue, courtoisie, et interdiction de frapper.

— Évidemment, rétorquai-je, pour qui tu me prends ?

— Pour un être humain. Donc, avec des limites, répondit-il.

Nous commençâmes la purge par le fond de l'église. Les chapelles absidiales, le déambulatoire. J'en interceptai même dans l'abside. J'expulsai d'un geste véhément un photographe amateur qui se dirigeait vers l'autel, puis, après avoir nettoyé le transept, nous remontâmes par les bas-côtés en surveillant l'ensemble de la nef, vers le narthex. Depuis plusieurs minutes déjà, je ressentais le besoin impérieux de psalmodier : « Courtois, pas taper, courtois, pas taper. »

Les importuns expulsés se répartissaient en deux catégories : ceux qui prenaient un air surpris et contrit – « Un mort, vraiment ? Je suis désolé. À quelle heure je peux revenir ? » C'eût été crédible, s'ils n'avaient pas eu sous le nez la famille en deuil, qui s'efforçait de les ignorer dignement, le cercueil entouré de fleurs et le prêtre en train d'officier. C'était un accord, m'expliquerait plus tard mon collègue : les prêtres laissaient aux pompes funèbres le soin de faire la police, pour ne pas troubler le recueillement de la famille et risquer l'incident en pleine cérémonie. Parce que si la première catégorie nous prenait ouvertement pour des abrutis, la seconde était pire.

Dans un accent généralement germanique très prononcé, ils s'offusquaient du traitement ainsi infligé aux touristes, dans un édifice public, puisque « Che gonnaiz la loi de 1905, Monzieur ! » Et certains continuaient sur le thème « Che ne vois pas en goi ze déranche », avant de finir sur la décadence de la France.

La cathédrale avait été nettoyée. Nous avions expulsé une trentaine de touristes et mes collègues à la porte en avaient éconduit une soixantaine de plus. Si un certain nombre d'entre eux s'étaient montrés compréhensifs, d'autant plus que nous expliquions qu'il y en avait pour tout au plus une heure, d'autres s'étaient offusqués que nous osions organiser des obsèques dans un monument touristique. Excusez-nous d'être chez nous.

Quand tout fut fini, je sortis déguster la cigarette que j'avais amplement méritée. L'Allemand, celui du début, était là. Il invectivait avec véhémence mon collègue porteur et je voyais une petite veine commencer à battre sur le front de ce dernier. Je m'interposai. L'Allemand parlait du déclin de la France, d'un peuple mal organisé, de la loi de 1905 en vertu de laquelle il allait se plaindre à la mairie, au ministère des Affaires étrangères, au président de la République, tandis que, alignés en rang impeccable un pas derrière lui, sa femme et ses enfants opinaient à chaque mot.

— Courtois, pas taper, courtois, pas taper, psalmodiais-je toujours, tandis que déjà je sentais mes poings me démanger. Ce touriste irrespectueux avait décidé de nous gâcher la journée jusqu'au bout.

Soudain, je fus écarté d'une bourrade. Mon collègue porteur, un homme habituellement sain, équilibré et sympathique, alla empoigner l'Allemand par le col de sa chemise. Écarlate, il lui hurla au visage. En allemand. Je jugeai nécessaire d'intervenir, avant qu'il ne le frappât. À distance respectable, je lui demandai de se calmer.

Il finit par lâcher le touriste.

L'Allemand était pétrifié. Rouge de honte, puisqu'il avait été soudain l'attraction des nombreux passants qui circulaient sur la place, il baissa la tête et, sans plus dire un mot, tourna les talons, suivi par le reste de la famille.

Quand ils furent assez éloignés et que, puisque je le surveillais discrètement, je jugeai que mon collègue s'était suffisamment calmé, je finis par dire :

— Je ne comprends pas l'allemand.

— Je lui ai juste dit que mon arrière-grand-père avait tué des Allemands en 1870, mon grand-père avait tué des Allemands en 1914, mon père avait tué des Allemands en 1945, et que je trouvais important de perpétuer les traditions familiales, jusqu'à ce qu'ils comprennent qu'ils avaient perdu la guerre !

Je ne savais que dire. Je réfléchis une seconde, avant de répondre :

— Ferme, courtois. Efficace. En plus, tu n'as pas tapé. Parfait.

Idée reçue

Lorsque j'explique en quoi consiste mon travail aux pompes funèbres, et que j'en viens aux petits morceaux d'accidentés que je ramasse sur le bord des chemins, j'entends souvent la remarque suivante :

— Ah bon ? Mais je croyais que c'étaient les pompiers qui le faisaient !

Eh bien, non. C'est moi. Parce que le pompier ne se charge pas des morts. Et voir un pompier transporter un cadavre, ça sent l'échec, l'aveu d'impuissance. Le mort n'est pas prestigieux. Le pompier a hâte de partir dès lors que le médecin a signé « le bleu », le certificat de décès.

D'ailleurs, les pompiers n'ont absolument pas le droit de transporter un mort. Il y a une exception, bien sûr, c'est le cas où la personne prise en charge décéderait en route. Mais même dans ce cas, si on appliquait la loi à la lettre, les pompiers devraient s'arrêter, appeler les pompes funèbres et transférer le trépassé de leur camion au corbillard. Il y a des véhicules pour les vivants et des véhicules pour les morts. J'entends parfois : « Dans ma région, ce sont les pompiers qui prennent les corps. » Faux ! Et pensez : vous vous allongeriez sur ce brancard où a été allongé un cadavre, peut-être dans un état de décomposition avancé ? Bref, chacun son métier, chacun ses victimes...

La joie

Un jour, j'ai été la star. Voilà comment ça s'est passé.
Une famille entre dans la boutique. Je me lève pour accueillir les clients, nous nous rendons dans le bureau, nous réglons les obsèques et une fois que tout est bien verrouillé – église, cimetière, tout est impeccable –, nous nous attaquons à l'avis de décès.
Vous ai-je dit que la famille était très croyante ? Elle l'était.
Nous rédigeons la liste exhaustive des membres de la famille, proches, moins proches, puis nous en venons au fait :
— La famille, bla bla bla, comment on peut dire ça ? me demande le fils.
— Vous fait part du décès de, a la tristesse de vous faire part, a la douleur de vous faire part, voire, dis-je pour placer mon élément de sémantique funéraire préféré, ont la joie de vous faire part du rappel à Dieu de…
Ce qui est rigoureusement exact. C'est logique : un chrétien fervent se réjouira que son proche soit décédé, puisqu'il est désormais assis à la droite du Seigneur, conformément à la promesse de résurrection. Mais, même chez les plus pratiquants, cette formule est tombée en désuétude.
Je la place à ce moment précis de la rédaction de l'avis de décès, pour faire un peu retomber la tension. À ce stade de l'entretien, cela fait presque une heure et demie que nous sommes enfermés dans le bureau, à parler des obsèques d'un proche, et désarçonner ainsi la famille, en plaçant cet élément incongru,

permet d'ouvrir sur autre chose et de faire tomber la pression… C'est un petit truc très efficace.
Sauf que là, je ne m'attendais pas au « C'est parfait ! » général. Un peu sous le choc, je reformulai plusieurs fois. La famille approuva chaque fois.
Voulant me protéger, je rédigeai l'avis au propre et fis signer le bon à tirer à la veuve et aux trois enfants. Je voulais être sûr. Puis je faxai l'avis au journal. Je m'assis tranquillement au bureau, commençai les papiers et décrochai aussitôt lorsque le téléphone sonna. J'avais reconnu le numéro.
— Je vous attendais, dis-je à la fille de la salle de rédaction des avis de décès.
— Euh… Oui. Bonjour. Ça va ? Dites, on a reçu un truc un peu bizarre…
— Je sais. Je l'ai écrit.
— Mais… Mais… La famille veut ça ?
— Oui. Ils ont signé.
— Mais… Ils veulent vraiment ça ?
— Oui. J'ai vérifié. Sept fois, si j'ai bien compté…
— Je ne sais pas si on peut…
— Eh bien, il n'y a rien de choquant ni d'illégal.
— Illégal, non, mais la tournure est…
— Parfaitement correcte. Vous noterez que j'ai fait signer le bon à tirer, un bon de commande, et que j'ai bien précisé mon nom sur le cartouche. En un mot : allez-y, j'assume.
— D'accord. Donc on fait paraître ça demain ?
Le reste de la conversation se déroula selon les protocoles habituels, confirmation de l'orthographe des noms, etc.
Je rentrai chez moi et dormis comme un bébé : en me réveillant toutes les deux heures.
Le lendemain, dès que nous eûmes repris la ligne, qui était renvoyée sur la permanence pendant la nuit, le premier appel fut pour moi. Enfin, presque « C'est qui qui a passé ça ? » fut

la question posée par ceux d'entre nous qui se donnaient la peine, au fond de leurs bureaux excentrés, de lire les avis de décès en entier. Ceux-là se débrouillèrent pour appeler les autres, en plaçant innocemment « Au fait, t'as vu ce qu'il a passé, Guillaume ? » et, avant la fin de la journée, j'avais reçu des appels de collègues, avec qui j'avais des contacts épisodiques, le reste du temps. Sous des prétextes futiles.
Finalement, ce fut mon jour de gloire.
On se contente de peu.

Son épouse, XXX,

Son fils et sa belle-fille, XXX,
Sa fille et son beau-fils, XXX,
Son fils et sa belle-fille, XXX,
Ses petits-enfants et arrière-petits-enfants,
Son frère et sa belle-sœur, XXX,
Ses neveux, nièces, toute la parenté et les amis…
[…]
Ont la joie de vous faire part du rappel à Dieu
De Monsieur XXXX XXXX

Etc.

Fléau

C'est un petit cimetière breton, en hiver. Les silhouettes des arbres gris et dénués de feuilles entourent sinistrement un petit groupe, entourant lui-même un cercueil de chêne sombre posé sur des tréteaux malingres. Les membres de la famille, en arc de cercle, se recueillent. Ils sont tristes mais dignes. Aucun sanglot ne perce le lourd silence, mais les yeux rougis témoignent d'une douleur qui, à cette heure, semble inextinguible. Un peu en retrait, les croque-morts essaient de se faire oublier, pour ne pas troubler cet instant intime.

Une chanson *funk*, soudain, retentit dans le silence. Tout le monde se fige, porte d'instinct ses mains à ses poches, et un petit jeune, écarlate, les yeux rougis de larmes, sort son téléphone, et répond d'une voix brisée :

— Ouais ?… Bien ou bien ?… Nan, là, je peux pas, je suis à l'enterrement de mon grand-père.

En pleine lucarne

Les Français sont passionnés de météorologie. Hormis le fait qu'elle permet de savoir comment se vêtir le lendemain, elle fournit également un passionnant sujet de conversation à ceux qui n'ont rien à se dire.

Et on me demande parfois si le climat joue sur les décès. La réponse est clairement oui. Nous ne parlerons pas, bien sûr, des averses importantes qui font sortir les rivières de leur lit et emportent avec elles quelque propriétaire foncier courroucé dont les ultimes paroles en ce bas monde seront : « Mais pourquoi le gouvernement ne fait-il rien ? » Mais nous parlerons bel et bien des brusques refroidissements ou des réchauffements brutaux qui surprennent nombre de gens qui voient leur santé précaire se dégrader au point que, rapidement, leur médecin cède le pas à un croque-mort.

Il y a aussi le suicide saisonnier. L'on me dira : « Oui, c'est normal. Lorsque vient l'hiver, si froid et déprimant, les gens dont la morne vie ne semble plus présenter d'intérêt vont attenter à leurs jours. » Perdu ! L'hiver présente son lot de suicides, certes, mais pas plus que l'été. Non, les deux saisons charnières sont l'automne, oui, je sais, c'est pareillement déprimant, et le printemps. Oui, le printemps.

Tout cela reste intuitif : il est relativement difficile de se procurer des statistiques détaillées et fiables.

Mais il y a aussi les évènements non climatologiques. On meurt beaucoup moins lorsqu'il se passe quelque chose d'intéressant.

Je n'ai jamais su si cela était à prendre au sérieux, mais des anciens que j'ai croisés m'ont juré leurs grands dieux que, en 1998, lorsqu'il est devenu patent que l'équipe d'Aimé Jacquet avait vraiment une chance d'aller en finale de la Coupe du monde, les croque-morts se sont pour ainsi dire retrouvés au chômage technique. Comme si la mort elle-même s'était installée à la table d'un petit bistrot, avec un demi, en déclarant à qui voulait l'entendre qu'elle aimerait voir la France championne du monde de foot, tout de même !

Lorsque, mitigé, je leur demandai innocemment si cela avait mis du temps à redémarrer, ils me répondirent :

— Oh que non ! Le soir même, trois secondes après le coup de sifflet final.

— Il y avait ce type…, commença l'un d'eux.

Et je me réjouis : une histoire ! Voilà du concret, voilà qui est bien.

L'homme en question, donc, regardait le match chez lui, avec des amis. La soirée était arrosée, et plus Zidane marquait de buts, plus il se lâchait. Lorsque Petit crucifia le Brésil, il poussa des hurlements déchirants de joie primale, et se mit à courir autour du canapé. Lorsque retentit le coup de sifflet final, il sauta de joie, voulut tenter un triple salto arrière, tout en faisant la ola, et passa par la fenêtre.

Il habitait au septième étage.

Il fut le premier à mourir, et le seul de façon aussi bête. Ce soir-là, l'équipe de permanence n'eut même pas le temps de prendre une pause-café.

Télévision par satellite

L'appel venait d'arriver du commissariat : réquisition. Le croque-mort essaya désespérément d'obtenir quelques informations du policier de permanence : il n'eut rien d'autre que l'adresse.
Dans le doute, ils y allèrent à trois.
En arrivant sur place, ils comprirent tout de suite à quoi ils avaient affaire.
C'était un petit immeuble HLM « à taille humaine », de trois étages, devant lequel s'étendait un carré de pelouse. Au troisième et dernier étage, une rangée de fenêtres béait. Un des deux policiers qui attendaient l'équipe sur la pelouse l'avait désignée d'un mouvement de tête.
Le troisième policier attendait sur le palier – enfin, pas fou, sur le palier d'en dessous –, un masque sur le visage. Il faut dire que, dès que l'équipe avait ouvert les portières du véhicule, les effluves s'étaient engouffrés dans l'habitacle, même en bas.
La situation était simple : un homme, décédé depuis trois à quatre semaines, et un printemps au climat plutôt doux.
Il devait peser dans les cent quarante kilos, dont un bon cinquième tapissait le sol de son séjour, sous forme de fluides corporels et de graisse liquéfiée par la putréfaction. Les croque-morts étaient montés « à cru » sans équipements, juste avec des grenades de désinfectant.
Ils en lancèrent trois et descendirent fumer une cigarette le temps qu'elles agissent. En bas, les deux policiers taquinaient

gentiment leur troisième collègue, un jeune qui voyait pour la première fois un corps putréfié, et surtout, sentait cette odeur épouvantable.

Deux des croque-morts fumaient une cigarette en devisant, tandis que le troisième nettoyait ses chaussures à l'alcool. Dix minutes s'écoulèrent ainsi et il fut temps de s'équiper.

Chacun enfila alors une combinaison intégrale blanche jetable avec une capuche, des protège-chaussures en plastique, une paire de gants en latex, puis une seconde paire en caoutchouc épais et un masque. Une fois tout en place, seuls les yeux étaient encore exposés.

Puis ils montèrent.

Après concertation, ils décidèrent d'utiliser deux housses. Une première housse de protection de corps, blanche et relativement fine, servirait à emballer le corps et à opérer sans trop de salissures. Puis ils traîneraient celle-ci vers une seconde housse, en plastique noir très épais, dite « housse d'exhumation », prévue elle pour contenir des corps putréfiés, perdant beaucoup de fluides. La housse d'exhumation fut donc disposée ouverte sur le palier de l'appartement et ils entrèrent pour disposer le corps dans la housse blanche puis dans la housse noire.

Ils sanglèrent le tout sur le brancard, puis ils levèrent l'appareil et descendirent. Un aux pieds, qui amortissait la descente, deux à la tête. À la force des bras, ils descendirent les trois étages, sans faire de pause sur un palier, tant ils étaient impatients de ranger leur client dans le caisson étanche réfrigéré et de jeter leur équipement putride à la poubelle. Alors qu'ils sortaient de l'immeuble, ils croisèrent un voisin. Le petit homme attendait, à côté de la porte d'entrée, un sac de provisions à la main.

Les trois hommes suants, avec leurs combinaisons blanches tachées ici et là, leurs gros gants bleus luisant de matière d'aspect louche et leurs masques qu'on aurait dit sortis d'un film catastrophe sur la guerre bactériologique, transportant sur un brancard fait de tubes d'acier inoxydable un gros sac noir en forme de housse funéraire ne semblèrent pas le troubler outre mesure.

— C'est qui ? demanda-t-il à l'un des croque-morts en désignant d'un mouvement de menton le sac noir.

Les croque-morts ne savaient que répondre ; ils tournèrent leurs regards vers les policiers.

— Troisième gauche, répondit le chef de patrouille.

— Ah oui ?

Le petit homme leva la tête vers les vitres ouvertes.

— Je ne le connaissais pas, lui. C'est le quatrième, dans l'immeuble, cette année.

L'un des croque-morts ne put s'empêcher :

— Et vous n'avez jamais songé à déménager ?

— Ah non ! répondit le petit homme, il est pas mal, comme immeuble. C'est propre et on a la télé par satellite.

Puis il rentra chez lui, tranquillement.

Futur chômeur

La famille arriva à l'agence le soir, dix minutes avant la fermeture. La petite mamie et récente veuve était désolée.
— Nous sommes vraiment navrés de vous ennuyer si tard, Monsieur, mais nous avions tellement de choses à faire avant. Passer à la mairie déclarer le décès, réserver l'église, voir Monsieur le curé, préparer l'avis et le faire passer dans le journal, prévenir tout le monde que les obsèques auront lieu après-demain… Ça nous a pris toute la journée.
Le croque-mort n'eut pas le cœur de lui expliquer qu'ils auraient pu faire tout cela par son intermédiaire, pour le même prix, en une demi-heure.

Le sage

L'homme, un musulman, était mort depuis deux semaines lorsqu'on l'avait trouvé. C'était un célibataire fêtard. Ses parents et sa famille maugréaient devant son comportement de mécréant et avaient l'habitude de rester un certain laps de temps sans nouvelles.
Deux semaines, en été, c'est long, surtout quand le temps est chaud et humide. Nous avions donc récupéré un corps dans un état absolument épouvantable. Nous l'avions rangé dans une housse épaisse et placé en case réfrigérée, en attendant de procéder à la mise en bière.
La famille était venue s'occuper des obsèques. Il était convenu que l'homme serait inhumé dans un carré musulman de la ville. Tout se passa bien jusqu'au moment où la famille demanda que ce fût leur imam qui s'occupât de la toilette rituelle. Le croque-mort essaya alors d'expliquer que l'état du corps ne pouvait laisser envisager un tel arrangement. Scandale dans le bureau : la famille n'aurait pas réagi autrement si le conseiller funéraire avait dit quelque chose de très grossier sur leur mère. La famille insista tant et si bien que le conseiller prit son parti de fixer un rendez-vous avec l'imam. Il comptait sur la sagesse de celui-ci pour faire entendre raison à la famille. Il appela donc l'homme de foi, lui expliqua la situation et se prit la seconde soufflante de la journée. Il était hors de question, lui hurlait le puits de sagesse, qu'un musulman se présentât sale devant son Dieu.

Le conseiller céda. Un jour et une heure furent convenus avec l'imam pour la toilette rituelle.
Le jour dit, l'imam arriva, ponctuel. Le laboratoire était à sa disposition pour le temps nécessaire. Le corps, dans sa housse fermée, était installé sur la table; l'odeur était contenue, puisque le corps avait été conservé au froid. Le fumet piquait juste un peu les yeux, c'était tout.
L'homme de foi, apaisé, tint tout de même à expliquer longuement au conseiller ce qu'était une toilette rituelle, l'importance qu'elle avait pour les musulmans, que ce n'était pas à un incroyant de juger, que le prophète, dans sa sagesse, leur avait bien expliqué les choses, et ainsi de suite, pendant près d'un quart d'heure. Puis, magnanime, il dit:
— Allez. Je pense que vous avez retenu la leçon.
Le conseiller hocha la tête.
L'imam entra alors dans le laboratoire et commença une prière.
Un collègue du conseiller se tourna alors vers ce dernier, et discrètement lui glissa:
— Moi, à ta place, je n'aurais pas accepté ça, je…
Il s'interrompit devant le grand sourire que lui lançait son collègue. Ce dernier fixait la porte du laboratoire.
Deux minutes plus tard, l'imam ressortit. Le sourire du conseiller s'élargit.
Le docteur du Coran marmonna:
— Le prophète, dans sa grande sagesse, n'a pas pu penser à tout. Il aurait sûrement convenu que, quelquefois, il est raisonnable de s'abstenir.

Voyage en première classe

La famille appliqua les volontés du défunt et demanda aux pompes funèbres de bien vouloir transporter le corps jusqu'à son village natal, au Portugal, où résidaient ses parents et où reposaient ses ancêtres. Rien que de très normal et habituel, et le chauffeur de route, un croque-mort spécialisé dans les longues distances, prépara son bagage, embrassa sa femme et ses enfants, et se mit en route, heureux de partir au Portugal.
Arrivé au matin, le chauffeur entra dans la salle de dépôt où se trouvaient les cercueils. Il repéra celui qui l'intéressait, sur lequel était posé un drapeau portugais, le chargea et se mit en route. Il était trois heures du matin.
Il fit route sans encombre et passa la frontière espagnole avec trois quarts d'heure d'avance sur l'horaire prévu. Les douaniers tamponnèrent ses papiers sans difficulté, puis il se dirigea vers le Portugal. Il était seul maître à bord, totalement décisionnaire de son itinéraire. Il connaissait bien le coin pour s'être rendu de nombreuses fois, aussi bien à titre professionnel qu'en vacances, dans ce Portugal dont la beauté ne le lassait pas.
Il s'arrêta le soir pour dormir dans une petite pension qu'il avait déjà appréciée à maintes occasions et, le lendemain, en début d'après-midi, il entra au Portugal, par une petite route qu'il savait n'être barrée par aucun poste de frontière. Il avait décidé qu'il ferait mettre ses papiers en règle directement par les autorités du village où il se rendait, ce qui était légal. Après tout, le cercueil avait été contrôlé par la police française au moment de

sa fermeture, par les douaniers français et espagnols au passage de la frontière, et le consulat du Portugal avait délivré une autorisation d'entrée sur le territoire.
Quelques kilomètres avant d'arriver à destination, il s'arrêta pour remettre de l'ordre dans sa tenue et laver son corbillard. Ce n'était pas parce qu'il venait de parcourir deux mille kilomètres qu'il devait imposer à la famille un négligé irrespectueux. Puis il parvint enfin à destination.
Lorsqu'il se gara devant la petite, mais jolie maison blanche, un homme en sortit en courant.
— Vous êtes là !
— Oui, j'ai un peu d'avance…
— *Chiça ! és uma besta !* Ce n'est pas le bon cercueil !
— Quoi !?! Mais…
— Ce n'est pas le bon cercueil ! Vous vous êtes trompé ! Tout le monde vous cherche partout !
Vérification faite, il s'avéra que le cercueil était celui d'une vieille dame, qui était attendu la veille en fin d'après-midi à l'église de son village natal, en Normandie, pour y célébrer ses obsèques.

L'avant-veille, funérarium en Bretagne, 20 h 30
Le croque-mort, descendant du véhicule de transport sans cercueil (ambulance destinée à transporter des défunts), lança à son collègue en désignant du menton l'homme dont ils venaient d'aller chercher le corps :
— Je m'en occupe. Tu peux aller déposer les papiers sur le cercueil pour le départ de demain au Portugal ? Sinon, on va oublier.
Son collègue acquiesça, prit les papiers et se dirigea vers la salle où attendaient les deux cercueils, celui de la dame, à l'entrée, et celui du Portugais, au fond, près de la porte. Dessus, il y avait quelque chose qui ressemblait à un chiffon.
— Non ! s'exclama-t-il.

Et il fonça vers le cercueil en posant les papiers sur la surface la plus proche de sa main.
— Mais qu'est-ce qu'ils ont dans le crâne, ces jeunes ? Qu'est-ce qu'ils vont penser de nous, au Portugal ?
Ils penseraient peut-être : « Je comprends pourquoi tant de jeunes sont obligés d'aller construire leurs maisons aux Français ! Regarde, ils ne savent même pas plier un drapeau correctement ! » Mais sans doute pas : le Portugais est charitable. Il pousserait seulement un soupir de désespoir devant le pliage désastreux du drapeau.
Il s'empara du drapeau, le déplia et le replia correctement. À ce moment, le téléphone, qui se trouvait juste au-dessus du cercueil de la Normande, sonna. Le croque-mort déposa le drapeau, près des papiers, sur ledit cercueil avant de répondre.
— Une réquisition ? Tout de suite ? Quelle adresse ? D'accord, on y sera dans dix minutes.
Et il partit en courant.
Le lendemain, le chauffeur de route vit les papiers et le drapeau, et chargea son cercueil, les yeux encore à demi clos de sommeil, sans accorder un regard à la seconde boîte, devant laquelle il passait, et qui attendait avec impatience d'être caressée par le chaud soleil du Portugal.

La veille, 14 heures
Le téléphone sonna au poste de frontière : alerte générale, il fallait empêcher un corbillard, qui s'était trompé de corps, de passer. Le chauffeur, venu chercher la brave Normande, s'était étonné qu'elle portât un patronyme non seulement portugais, mais masculin.
Il n'était pas voyant ni fin limier à la Sherlock Holmes : il s'était contenté de lire la plaque avec le nom du défunt, sur le cercueil.
Les douaniers espagnols, qui venaient juste de relever leurs collègues, rirent de bon cœur, tout en joie à l'idée d'une garde

qui commençait si bien, avant de s'aviser des notes de leurs collègues.
— *Maldito sandio!* s'exclama le chef de poste, appelle les policiers : il faut qu'ils le retrouvent, il est déjà passé !
Mais l'Espagne est un grand pays, et ils le cherchaient sur les grands axes, alors que le croque-mort faisait du tourisme.
Les douaniers portugais, avertis, guettèrent, guettèrent, mais ne virent rien venir.

Épilogue
L'infortuné Portugais fut inhumé dans son pays qui lui manquait tant avec trois jours de retard : les pompes funèbres avaient envoyé un autre corbillard, plutôt que d'attendre le retour du premier. Il fallut à la Normande également trois jours pour rejoindre son époux dans le caveau familial.
Si d'aventure, vous allez visiter la ville de…, sur les Marches de Bretagne, et que vous êtes matinal, vous croiserez peut-être un éboueur à l'air renfrogné. Pour votre confort et votre agrément, évitez de lui parler du Portugal ou de son ancien métier de convoyeur de défunts par route. Cela a tendance à le mettre de mauvaise humeur.

Les risques du métier

Le croque-mort avait l'air traumatisé, son smartphone dans la main : il venait de se rendre compte qu'il avait dedans plus de photos de cimetières que de photos de ses enfants.

Tu as vu un peu ça ?

Les récriminations, réclamations et autres griefs contre les pompes funèbres sont divers et variés. Parfois, ils interviennent après un soin de conservation.

Il y a une chose que les familles ont du mal à comprendre : le thanatopracteur ne connaît absolument pas le défunt. Et souvent, il travaille à l'aveugle, sans photos ou quoi que ce soit pour l'aider, simplement parce que c'est le genre de choses que les familles ne pensent pas à apporter aux pompes funèbres.

Je me rappelle un cas. Un coup de génie, rétrospectivement.

La famille râlait, vitupérait, agonissait d'injures tout ce qui de près ou de loin pouvait ressembler à un croque-mort. Le thanatopracteur allait pour la quatrième fois au domicile où reposait l'intéressé. Il m'avait demandé de l'accompagner parce qu'il craignait les réactions de la famille. Il avait en sa possession une vingtaine de photos du défunt, mais il avait beau réarranger le corps pour essayer de coller au plus près au modèle : rien à faire, la famille ne reconnaissait pas son cher disparu. Alors que mon collègue faisait son cinquième essai de coiffure, je parcourus des yeux la chambre. Des livres, une télévision, un secrétaire ouvert.

M'approchant du meuble, mes yeux se posèrent sur ce qui, j'en avais l'intuition, constituait la clef du problème. Je m'en emparai et le donnai au thanatopracteur.

— Essaie avec ça.

— Tu crois ?

— Je suis prêt à parier.
Lorsque la famille entra, le premier à poser les yeux sur le défunt fut son fils aîné, qui s'exclama :
— Papa !
Et ce fut le soulagement, le ravissement : on pourrait enfin se recueillir devant la dépouille de l'être tant aimé.
La veuve se tourna vers nous.
— C'est vrai qu'on n'y avait pas pensé. On ne l'a jamais vu sans, toujours le même modèle, de l'instant où il se réveillait jusqu'au moment du coucher. Sauf sur la photo, parce qu'il était coquet. Le seul moment où il quittait ses lunettes.

Cinq minutes

Il repassa devant nous en trombe, filant vers le vestiaire. Le petit jeune était arrivé ce matin, tête haute, sourire arrogant : nous, nous n'étions arrivés dans le métier que par hasard. Lui avait la vocation : il avait vu tous les épisodes de *Six Feet Under*, il se repassait en boucle les scènes d'autopsie des *Experts* et de toutes les séries policières qu'il pouvait trouver, il était allé voir le pire du pire de ce qu'on pouvait dénicher sur YouTube.
Il nous l'avait dit :
— J'ai la Vocation.
Sous-entendu : « Je sais tout, je vais faire tellement mieux que vous, pauvres minables. » Nous lui avions montré comment assembler un cercueil, fixer les poignées, le capiton, le symbole religieux, graver la plaque avec le nom du défunt, lire la fiche qui l'accompagnait ; mais manifestement, des tâches aussi subalternes ne l'intéressaient pas. Il était dans sa tête LE croque-mort, et les tâches quotidiennes, c'était pour les petits.
Nous l'avions envoyé assister à un soin de conservation. Savoir comment cela se passe fait partie du métier : il faut pouvoir expliquer aux familles.
Et les soins de thanatopraxie ont l'immense mérite de faire rapidement le tri parmi les aspirants. Comme maintenant.
— Moins de cinq minutes, me dit mon collègue.
— Franchement, j'aurais pensé qu'il aurait pris sur lui plus longtemps. Il avait l'air très imbu de sa personne, répondis-je, navré.

— Oui, mais en attendant, moins de cinq minutes. Tu me dois un café, dit mon collègue.
— Allons-y. Mais c'est fini, je ne parie plus sur les jeunes qui ont la vocation. C'est le troisième cette semaine.

Âmes perdues

Monsieur le Directeur,
Nous sommes venus, avec toute ma famille, nous recueillir auprès de mon époux, qui est passé dans l'autre monde.
Fervents spirites, nous avons fait venir notre médium de famille, afin de pouvoir converser avec l'esprit de mon mari et nous assurer que le détail de ses obsèques était bien conforme à sa volonté.
J'ai oublié de préciser que moi-même et ma fille, dès que nous sommes entrées dans votre chambre funéraire, nous avons senti un malaise dont nous ne parvenions pas à exprimer la source.
C'est Monsieur X, notre médium, qui nous a éclairés ! Votre chambre funéraire est encore pleine de l'âme des défunts dont le corps y a séjourné. Nombre d'entre eux se sont perdus dans votre établissement et ne parviennent pas à rejoindre l'autre monde.
Lors de séances de spiritisme, nous avons pu parler à bon nombre de ces âmes, souvent perdues, mais beaucoup sont en colère.
Il faut faire quelque chose pour ces âmes égarées et leur permettre de rejoindre l'autre monde. Soyez extrêmement prudent avec cela, les esprits en colère peuvent s'avérer très dangereux, et peuvent donner lieu à des phénomènes violents.
Je vous supplie, pour la libération de ces esprits perdus, de bien vouloir faire le nécessaire ! Vous pouvez contacter une société parapsychique, ou si vous voulez, notre médium se tient à votre disposition.
Fort heureusement, mon époux, habitué à l'autre monde, a pu facilement trouver son chemin.

Insistant sur le caractère urgent de la situation, je vous prie d'agréer, Monsieur le Directeur, l'expression de mes sentiments dévoués.
Madame X

L'entrepreneur de pompes funèbres, qui m'a fait parvenir cette lettre sous couvert d'anonymat, m'expliquait :
— Cela fait trois ans que je l'ai reçue. Et comme je ne laisse jamais une lettre sans réponse, cela fait trois ans que je cherche quoi lui dire.
Il a tenu à préciser que, depuis trois ans, ni lui ni ses employés n'avaient remarqué quoi que ce soit d'inhabituel.
Mais les fantômes mettent peut-être du temps à se fâcher. Ils ont l'éternité devant eux, après tout.

Tenue correcte exigée

Monsieur le Directeur,
Vous avez procédé l'autre jour aux obsèques de mon père.
Lors de l'inhumation au cimetière, l'attitude de vos employés m'a fortement déplu. En effet, durant l'inhumation, pendant que le chef faisait son discours, l'équipe était alignée devant le corbillard, presque au garde-à-vous.
Mon père était un fervent pacifiste, objecteur de conscience, libertaire, et l'attitude de vos hommes, ainsi positionnés et habillés à l'identique de costumes sombres tels des barbouzes, a évoqué dans mon esprit des images militaristes nauséabondes très peu respectueuses de l'esprit de celui que vous portiez en terre.
Aussi, je vous fais part de mon intention de ne pas payer la facture de votre société.
Monsieur X

La réponse du directeur

Monsieur X,
Vous m'avez fait part de vos griefs concernant la cérémonie d'inhumation de votre père au cimetière. Je me permets de vous répondre sur ces différents points.
Concernant la nausée qui vous a saisi, je me suis laissé dire qu'il faisait un grand soleil ce jour-là, et je sais que le cimetière manque d'abris : vos symptômes ressemblent fort à ceux d'une insolation. Veillez à bien vous hydrater, et vous préserver du soleil.

Sur l'attitude de mon équipe, nous nous efforçons d'être discrets et respectueux, tout en observant l'attitude la plus neutre possible. Je reste persuadé que si mon équipe s'était vautrée débraillée dans la pelouse en buvant des bières et fumant des cigarettes, j'aurais reçu un courrier plus abondant.
Vous noterez au passage que j'ai dit « mon équipe », puisque je considère que nous en formons effectivement une, et non « mes hommes » ou « mes employés ».
Quant à votre intention de ne pas payer la facture de notre société, j'ai décidé de faire un geste, d'autant plus que votre mère, l'épouse du défunt, est déjà passée en nos locaux déposer un règlement, accompagné d'une enveloppe contenant une lettre de remerciements et d'un généreux pourboire pour l'équipe.
J'ai donc décidé de vous faire grâce, à vous personnellement, de la soulte pour vous dédommager du préjudice que vous avez subi, le montant me semblant juste.
Vous trouverez donc, ci-joint, un avoir d'un montant de zéro euro.
Espérant vous avoir satisfait, je vous prie d'agréer, Monsieur X, l'expression de mes salutations dévouées.
Le directeur

Disparue dans la nuit

Monsieur le Directeur,
Je suis une amie de Madame Chombier, décédée la semaine dernière.
Je suis allée la visiter la semaine dernière, dans le salon numéro deux, où elle était exposée de mardi matin à jeudi après-midi. Laissez-moi vous dire que vos services ont fait un travail épouvantable ! J'ai eu grand-peine à reconnaître cette pauvre Simone, et j'exige que vous preniez des sanctions envers le préparateur de défunts.
Salutations.
Madame X

La réponse du directeur

Madame,
J'ai bien pris note de vos observations et vous en remercie.
Nos thanatopracteurs, c'est ainsi que s'appellent les préparateurs de défunts, font de leur mieux avec les éléments qui leur sont communiqués. Ce sont des professionnels très compétents et consciencieux. Il arrive parfois qu'un défunt soit méconnaissable, à cause d'un petit détail, une coiffure, des traits trop lisses ou d'autres raisons. Peut-être, dans votre cas, le petit détail qui a fait que vous n'ayez pas reconnu Madame Chombier tient à ce qu'elle reposait au salon numéro cinq.
Recevez, Madame, l'expression de mes salutations dévouées.
Le directeur

Le saviez-vous ?

Deuil

Le nom *deuil* vient du latin *dolus*, « la douleur ». On retrouve sa trace au xe siècle, sous la forme *dol*. Le mot a évolué selon les régions jusqu'à l'unification lexicale et a été rebâti sur la base de *œil*. Dans son sens premier, il désigne la période dite du deuil, où les proches doivent marquer de façon traditionnelle leur peine par des signes ostensibles (tels que les vêtements noirs…). Mais *deuil* a pris, au fil du temps, d'autres sens : l'officiel est « période de peine sociale marquée lors de la perte du défunt ». Par métaphore, il désigne le sentiment de perte éprouvée par les proches. Puis, à nouveau par métaphore, il désigne la perte en elle-même : « Nous avons un deuil dans la famille » sera entendu comme « Nous avons eu un décès (récent) dans la famille ».

Passion inavouable

La cérémonie débutait à peine que nous vîmes arriver vers nous la vieille femme. Nous avions l'habitude, après l'entrée du cercueil, de sortir de l'église pour prendre l'air et discuter de la suite du convoi. J'envoyai deux porteurs avec le véhicule au cimetière pour voir comment se présentait le monument, puis me retournai vers la mamie qui m'interpellait.

— Pardon, Monsieur, ce sont les obsèques de qui ?

Je lui dis le nom de la défunte, ce qui la plongea dans un abîme de réflexion. Elle finit par me demander :

— Elle habitait où, exactement ?

Je lui répondis que je ne savais pas, ce qui était la vérité. Mais même dans le cas contraire, je ne lui aurais pas donné l'adresse : on connaît des gangs de cambrioleurs qui ont fait leur spécialité de dévaliser les domiciles des défunts durant les obsèques.

La vieille femme réfléchit un instant, puis rétorqua :

— Non, je ne dois pas la connaître. Oh, tant pis, j'y vais quand même.

Je n'avais aucune raison de l'en dissuader, mais ne pus m'empêcher de lever un sourcil intrigué. Déjà en route, elle souffla dans un grand sourire :

— Les enterrements, j'adore ça !

Table

Un immense merci ! 7
Avant-propos 11

Bien installée 15
Câlin 17
Bretagne toujours 19
Entretien d'embauche 21
Certificat de décès
ou Petit arrangement avec les morts 23
Au supermarché 25
Qu'offrir à un croque-mort à Noël ? 28
Prendre un défunt par la main 31
Une solide réputation 34
Avis de recherche 36
La loi de Murphy 41
Boire un petit coup, c'est doux 44
Mauvaise réputation 47
Note de service 666–Z (confidentiel)
à l'attention des pompes funèbres 48
Sécurité 51
Pas de réseau 53
L'heure des obsèques ne pourra en aucun cas
être antérieure au décès 56

Arnaque, aide sociale et téléphonie 59
Comparateur de prix à titre posthume 61
Mauvais plan 64
Une vie de chien 67
Hep, corbillard, vous êtes libre ? 71
Devoir de mémoire 73
In vino veritas 77
Bienvenue 80
Une question de timing 82
Vil brequin ! 84
Casque bleu 86
Bach avec mention 91
30 millions d'amis 93
Fourrière 98
Argument fumeux 100
Inquiétude 102
Les obsèques de Wouf-Wouf 104
Séduction mortelle 107
L'allée 110
Erreur 114
Petite ballade en pathétique mineur 115
Droits de l'homme 117
Immolation 118
Vaudeville 119
Quel bordel ! 121
Erreur sur la personne 124
Humiliant 125
Micro-coupure 127

En apesanteur 130
Noir et blanc 134
No future 136
Petite mort 143
En musique 145
Mon nom est Zheimer, Al Zheimer 147
Éric 150
Pornographie 152
Carte de visite 154
Bras d'honneur 156
Bienheureux les simples d'esprit 158
Déformation professionnelle 162
Réquisition de police* 169
De l'électricité dans l'air 171
Un problème de taille 175
Frappez, on vous ouvrira 176
Pourboire 178
Poser une colle 182
« Spécial » 184
La boussole de la foi 190
Le samedi à Kerangoff, c'est le jour du mariage 193
Tu n'oublies rien ? 196
Crash 198
Le pont de la rivière Styx 201
Géopolitique 205
La bonne taille 209
La décision 210
L'art d'être grand-mère 213

Sous surveillance 218
Prévention routière 221
Renée 223
Albert 224
Zone tampon 226
Luxe, calme et éternité 230
Cache-cache 233
Jo 235
Retardataire 240
Plus dure sera la chute 243
Philippe 246
Cinq millimètres 249
Solitude 252
Sarcophage 254
Questions pour un coupable ? 256
Hercule Poirot 259
Joyeux Noël 261
L'histoire de Fanch et Ti Jean 264
C'est chaud 267
François 268
Politiquement incorrect 270
La joie 275
Fléau 278
En pleine lucarne 279
Télévision par satellite 281
Futur chômeur 284
Le sage 285
Voyage en première classe 287

Tu as vu un peu ça? 292
Cinq minutes 294
Âmes perdues 296
Tenue correcte exigée 298
Disparue dans la nuit 300
Passion inavouable 302

ISBN : 9782380159752
Dépôt légal : septembre 2024